《破解科学》系列

在陆地上飞行

——轨道交通与高铁

丛书主编　杨广军

丛书副主编　朱焯炜　章振华　张兴娟

徐永存　于瑞莹　吴乐乐

本册主编　于瑞莹

本册副主编　潘海泽　何越磊

天津人民出版社

图书在版编目（CIP）数据

在陆地上飞行：轨道交通与高铁 / 于瑞莹主编.--天津：天津人民出版社，2012.1（2018.5重印）
（巅峰阅读文库.破解科学）
ISBN 978-7-201-07265-4

Ⅰ.①生… Ⅱ.①于… Ⅲ.①轨道交通—普及读物②高速铁路—普及读物 Ⅳ.①U-49

中国版本图书馆CIP数据核字（2011）第245283号

在陆地上飞行：轨道交通与高铁
ZAI LUDI SHANG FEIXING：GUIDAO JIAOTONG YU GAOTIE

出　　版　天津人民出版社
出 版 人　黄　沛
地　　址　天津市和平区西康路35号康岳大厦
邮政编码　300051
邮购电话　（022）23332469
网　　址　http://www.tjrmcbs.com
电子邮箱　tjrmcbs@126.com

责任编辑　陈　烨
装帧设计　3棵树设计工作组

制版印刷　北京一鑫印务有限公司
经　　销　新华书店
开　　本　787×1092毫米　1/16
印　　张　12
字　　数　240千字
版次印次　2012年1月第1版　2018年5月第2次印刷
定　　价　23.80元

卷首语

地铁一定修建在地下吗？有没有只有一根轨道的交通工具？磁铁的磁力真的可以使列车高速行驶吗？在大力提倡环保、绿色营运理念的时代里，轨道交通的污染到底有多大？

高速铁路的速度到底有多高？中国第一条高速铁路是哪一条？走出国门，其他国家的城市轨道交通和高速铁路情况比起我国是先进还是落后？这些问题都让我们好奇，让我们一起，沿着轨道交通发展的足迹，将谜底一一揭开。

目 录

城市轨道交通篇

众里寻它千百度——轨道交通的昨天、今天和明天

数风流人物，还看今朝——轨道交通的大发展

山外青山楼外楼——轨道交通万花筒

高速铁路篇

前有古人后有来者——高速铁路的过去、现在和未来

目　录

我型我秀——高速铁路的结构体系

“竞”显风流——世界各国高速铁路介绍

城市轨道交通篇

众里寻它千百度

——轨道交通的昨天、今天和明天

衣食住行是老百姓生活中的四件大事，随着中国，尤其是大城市轨道交通网络的发展，居住在一个大城市里的市民每天上下班、走亲访友、出门购物会越来越依赖地铁，地铁是大城市市民出行必不可少的交通工具。在每天乘坐地铁穿行城市的时候，我们有没有想过本应在地面上冒着滚滚黑烟奔驰的火车怎么会开到地下去了？为什么土地被挖得那么深却不会崩塌？

也许从历史中我们能找到一点答案。来看看现代地铁的发源地——英国首都伦敦吧！

◆伦敦贝克街车站的地铁历史海报

雾都魅影——现代交通的革命

19 世纪的英国，经过了工业革命的洗礼，俨然已成为“世界的工厂”。到了 19 世纪中期，随着蒸汽机车的普遍使用，各大城市之间的铁路基本铺好，从全国各地通向伦敦的火车轨道一直铺到了城市的边缘，伦敦人可以乘火车轻松地到达英国各地。

◆瓦特改良的蒸汽机

◆19 世纪的英国马车

但当时伦敦市内的主要交通工具还是马车，出租马车的价格非常昂贵，类似现代的出租车。从 1800 年到 1831 年间，伦敦城市人口从不足 100 万上升到 175 万，城市变化相当快，人口几乎翻了一番。城市中心布满了密密麻麻的房屋，街道狭小不堪，相对富裕的伦敦居民开始向较远的郊区搬迁，工作时间再回到伦敦市中心。但伦敦的边缘地区没有直接通向市中心的便捷道路，高峰时间的出租马车形成拥堵，交通成了伦敦人出行的一大难题。

◆早期冒着浓烟的蒸汽机车

于是伦敦市组织了交通委员会向所有人征集解决交通问题的方案。一位名叫查尔斯·皮尔森的律师提出了一个修建“伦敦中央火车站”的设想，但是这个设想涉及了大规模的拆迁，被议会否定了。不过议会随后同意由一群承包商提出的要在伦敦修建一条地下道路的提案。不久，这两个提案被结合起来，形成了我们今天所熟悉的地铁的理念——在地下通行的火车。

伦敦地铁的产生

◆早期冒着浓烟的蒸汽机车

在修建这条世界上谁也没见过的地下铁路之前，伦敦各大报章对它的未来进行过各种各样的负面猜测，比如地道会不会塌下来，旅客会不会被火车喷出的浓烟毒死等等，谁也无法想象冒着黑烟的火车开进地下密闭的空间是个什么结果。

当时地道的掘进方法在今天看来相当笨拙。工人们先从地面向下挖掘一条大约 10 米宽 6 米深的壕沟，用砖加固沟壁，再搭成拱形的砖顶，然后将土回填，在地面上重建道路和房屋，工程不仅烦琐而且耗资巨大。为了把蒸汽机车排出的浓烟引出地下，建好的隧道还要钻出通风孔。当时的人们就是用这种看似简单的办法解决了难以克服的困难，从而把火车这个地面上的庞然大物挪到了地下世界。

1862 年中，4.8 千米长，7 个停靠站的地下铁道基本完工了。蒸汽机车车头开进了地下，大约 40 名官员乘坐在没有顶棚的木制车厢里对地铁进行了第一次巡游。这个场面也被记录在了贝克街壁画上：车厢类似大型的煤矿运煤车，每到一站，绅士淑女们脱帽欢呼，以表达喜悦之情。

这样一个新兴事物大大缓解了伦敦的交通压力，迁居伦敦市郊的富人赶往市区更加方便了，同时也方便了市区的交通。地下火车很快就获得了伦敦市民的青睐。从 1863 年第一条地铁获得成功开始，尝到地铁甜头的伦敦人就开始考虑修建第二条地铁了。同年，有一位叫做约翰·福乐的工程师提出伦敦地铁建设应该从直线向环线发展。四年以后，环线地铁投入建设，1884 年完工。现代地铁设计经常采用的环线雏形就来自于此。

◆伦敦地铁 1956 年型列车

自此以后伦敦地铁就进入了高速发展的快车道，直到两个世纪后的今天，成为出行最便利的交通工具之一。这样的成就完全得益于前人的创意和不断努力，否则，我们今天的出行还会如此方便吗？

◆现代化的伦敦地铁

贝克街的站台就是伦敦地铁的博物馆，博物馆坐椅上方的海报讲述着恍如隔世的历史。今天的我们不得不佩服伦敦人的想象力，竟敢把冒着黑烟的火车头开到地底下去！这一壮举成就了伦敦历史上最早的公共交通系统，恐怕也是全世界最早的大众公交系统。

广 角 镜

贝克街

值得一提的是贝克街正是英国小说家柯南·道尔塑造的侦探人物——夏洛克·福尔摩斯居住的街道。贝克街 221B 号现在成了福尔摩斯博物馆，那里展出着各种福尔摩斯和他的搭档华生医生的各种纪念品。纪念馆按照小说中的情景来布置，完整地复制了福尔摩斯的起居室和卧室。福尔摩斯故居里面有很多福尔摩斯的用品：旧烟斗、猎鹿帽、散放的实验仪器、只剩两根弦的小提琴、带黑斑的书桌等等。很多名人也曾参观过福尔摩斯纪念馆，据说英国女王也是福尔摩斯的粉丝呢。

小知识——关于伦敦地铁的小故事

◆英国首相丘吉尔

大家知道吗，在第二次世界大战期间地铁虽然停运，但是对于伦敦人而言，那时候地铁的作用却要远远大于平时。

那段时期，纳粹德国曾经对英国首都进行过激烈无比的地毯式轰炸，几乎半个伦敦毁于一旦，然而令人惊喜的是很多英国人却奇迹般地在一次次的空袭中生存了下来，这要得益于地铁的功劳。

原来那时的英国缺少防空洞，很多市民在空袭的时候躲到了地铁隧道里面，以此来躲避德国人的炸弹。可见早在19世纪的英国人已经掌握了相当成熟的地下施工技术，当时的地铁竟然能抵御纳粹德国的炸弹袭击。

据说当时的英国首相丘吉尔也曾在地铁里办公呢。

绿色地球
——有轨电车应运而生

很多人总是把轻轨与地铁相混淆，到底什么是轻轨？

所谓轻轨，最初是指“轻型轨道交通”。在我国的规范中，将每小时客运量1万～3万人次的轨道交通系统称为轻轨；将每小时客运量3万～8万人次的轨道交通系统称为地铁。可见轻轨与地铁的区别在于，其客运量比地铁小。看上去，轻轨车辆就像地铁车辆的小一号的兄弟。而在国外，轻轨是指有轨电车。有轨电车通常在街道路面上埋设好的轨道上行走。有轨电车车体通常只有单节，最多也不过三节。另外，某些在市区的轨道上运行的缆车亦可算做路面电车的一种。

下图的地铁及轻轨是不是像一家的兄弟，你能分清吗？

◆上海轨道交通4号线地铁列车

◆上海轨道交通轻轨列车

在欧洲，有轨电车交通系统十分风靡，从北欧瑞典的斯德哥尔摩到南欧西班牙的巴塞罗那，从时尚之都法国巴黎到古典之都捷克布拉格，但凡是沾有一点轨道交通情结的历史文化名城都大量采用这种有轨电车交通系统。

有轨电车的由来及发展

◆巴塞罗那街头并排驾驶来的有轨电车

◆有轨电车的供电架

德国工程师冯·西门子1881年在柏林近郊铺设了第一条电车轨道：一条铁轨供电，另一条铁轨作回路。但这种线路对街上的交通太危险了，于是西门子采用将输电线路架高的方式解决了供电和安全问题。1884年，美国人范德波尔在多伦多农业展览会上试用电车运载乘客。他试用的电车用一根带触轮的集电杆和一条架空触线输电，并以钢轨为回路的供电方法。到了1888年，美国人斯波拉格在里士满用上述方法在几条马拉轨道车路线上改用电力牵引车行驶，并对车辆的集电装置、控制系统、电动机的悬挂方法及驱动方式作了改进，于是出现了现代有轨电车。有轨电车作为公共交通工具，逐渐为大众所接受，得到广泛应用，在20世纪初成为城市公共交通的主要方式。到第一次世界大战之前，世界上几乎每一个大城市都有有轨电车。20世纪50年代，随着汽车工业的迅速崛起，越来越多的人选择方便的私人汽车，许多城市的有轨电车遭到废弃，如巴黎、伦敦和纽约就很快废弃了这样的有轨电车。但是，苏联及许多欧洲国家保留了这种有轨电车并积极采用了先进的技术加以改造。拆除有轨电车后，交通拥挤及空气污染使人们认识到，轨道交通运能大，占用道路面积小而且环

◆意大利的有轨电车

◆1908 年上海的有轨电车

保，是解决交通拥挤和环境污染的有效途径，于是，人们开始重新认识有轨电车。

各种各样的有轨电车

有些有轨电车不以自带的电动机驱动，而是使用钢索牵引，这称为缆车。这些钢索通常由固定在某地的机器拉动。

◆缆车

20 世纪 90 年代起，开始有低地台的路面电车出现。乘客登上低地台路面电车时无需走任何梯级，对行动不便的人士相当方便。

有些地方的有轨电车是双层的。现在世界上只有香港还运行着双层的有轨电车，而且双层有轨电车在香港的路面交通中占有重要地位。

中国最早的有轨电车出现于 19 世纪末，此后设有租界或成为通商口岸的城市（香港、天津、上海、大连、抚顺等）相继开通了有轨电车。随着城市公共交通的发展和车辆增多，从 20 世纪 50 年代末开始，许多大城市陆续拆除了有轨电车轨道。到 2000 年，中国大陆仍有有轨电车运营的城市

◆西雅图的有轨电车

◆费城的有轨电车

◆巴尔的摩的有轨电车

◆德国的有轨电车

◆巴黎轻轨

◆吉隆坡的有轨电车

只剩下大连、长春和鞍山。鞍山有轨电车现也完全拆除。但是随着环保概念的不断加强，越来越多的人意识到有轨电车对于城市交通的重要性。最近长春有轨电车做了一定的改造，大连有轨电车则被改造为现代有轨电车。在目前私家车急剧增加、道路拥堵日益严重的情况下，有轨电车可以为公共交通建设提供新的解决方案。

小知识——有轨电车优点和缺点

有轨电车的优点：

1. 对于中型城市来说，有轨电车是实用的选择。1000 米有轨电车线路所需的投资只是 1000 米地下铁路的三分之一；

2. 无需在地下挖掘隧道；

3. 相较其他路面交通工具，有轨电车能有效地减少交通意外的几率；

4. 因为有轨电车以电力驱动，车辆不会排放废气，是一种无污染的环保交通工具。

有轨电车的缺点：

1. 成本较公共汽车高，对小型城市来说财政负担颇重；

2. 效率比地下铁路低；

3. 有轨电车的速度一般较地下铁慢，除非有轨电车行驶的大部分路段是专用的；

4. 有轨电车每小时可载客约 7000 人，但地下铁路每小时载客可达 12000 人；

5. 有轨电车路轨占用路面，路面交通要为有轨电车改道，并让出行车线；

6. 需要设置架空电缆。

1881年唐山——中国制造第一辆蒸汽机车

大家都知道，地铁是由地面铁路演变而来，伦敦地铁的第一辆列车就是一节普通的冒着浓浓黑烟的火车直接开往地下的，所以，地铁车辆的鼻祖应该是地面火车。世界上的第一辆火车出现在英国，那么中国的第一辆火车出现在哪里呢？

◆中国火箭号

“中国火箭号”机车

◆金达

目前中国铁道博物馆收藏着一台中国现存最古老的机车——“中国火箭号”。

“中国火箭号”是由当时任唐山唐胥铁路总工程师的英国人薄内的夫人仿照乔治·斯蒂文森制造的英国著名的蒸汽机车“火箭号”造成的，所以把它命名为“中国火箭号”。中国工人在机车两侧各刻一条龙，于是就把它叫做“龙号”机车，从上面的图中能够清楚地看到纹在车头侧面的一条金龙。

作为中国第一辆蒸汽机车，当时的作用其实是用来拉煤。因当时清廷明令禁止

◆金达和“中国火箭号”

使用机车，位于开平煤矿边上的唐胥铁路最初是用骡马在铁轨上拽车，又称“马车铁路”，这似乎很好笑，但是在晚清黑暗的封建社会中却成了事实——修了铁路却用马在上面拉车。1882 年，开平煤矿产量大为提高，骡马动力不胜负荷，英国人金达重新制造了与同时代国外机车可以媲美的新式机车，被命名为“中国火箭”(The Rocket of China) 号，因机车左右各装饰了一条飞龙，又名“龙”号机车。“龙”号机车运行后，再次遭到言官和保守派的强烈反对，反对的理由竟是：“谓机车直驶，震动东陵，且喷出黑烟，有伤禾稼。奉旨查办，旋被勒令禁驶。”意思就是火车行驶的时候会震动帝王安寝的陵墓，而且喷出的黑烟对庄稼不好。其实，清东陵坐落在距唐山 50 千米外的遵化马兰峪，离唐山这么远又怎么能震动东陵呢？于是被下令停驶，后来因为当时新建的北洋舰队急需用煤，在李鸿章的坚持下，“龙”号机车最终恢复了运行。

◆詹天佑

可能大多数人都不知道“中国火箭号”的设计师英国人金达，但说起有“中国铁路之父”和“中国近代工程之父”之称的詹天佑却是无人不知了。可以说，金达正是詹天佑的铁路启蒙老师，正是英国人金达任用并训练了中国最早的一批铁路人才，詹天佑就是其中之一。

那么经历了1976年的特大地震，作为中国铁路发祥地的唐山，现在的铁路状况如何呢？

据了解，虽然唐山地面交通非常发达，但至今尚没有修建地铁，并且市政府也没有修建地铁的打算。这主要有以下几个原因：

1. 唐山市城区面积不算太大，若修建城市轨道交通则显得成本过高了；

2. 城区流动人口不算太多，以目前的公交系统来讲，虽稍有不足，但差距不算太大，对于轨道交通来讲，资本投入与成本收回问题较为明显；

3. 唐山属于地震多发地带，出于安全考虑修建地铁并不合适。

动动手——自制蒸汽机

取一个试管，装1/3水，密封试管口并插入一个吸管，在吸管的另一端放置一个风车，试管和风车用支架固定。在试管底部用酒精灯加热。

观察现象。

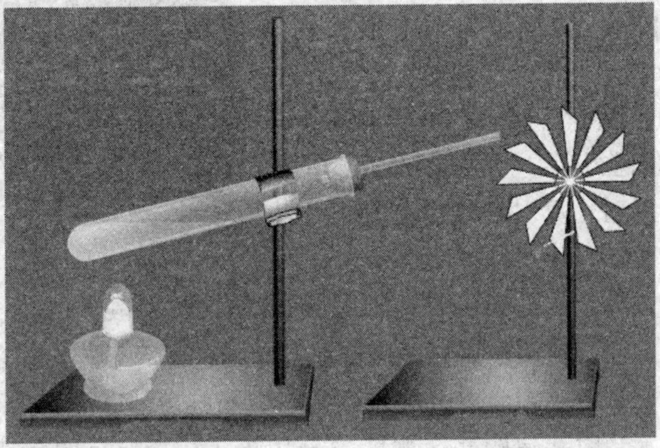

◆自制蒸汽机装置

小知识——蒸汽机的原理

蒸汽机最早是由瓦特发明的，它的主要功能是把热能转化为机械能，从而为机器的运转提供动力。

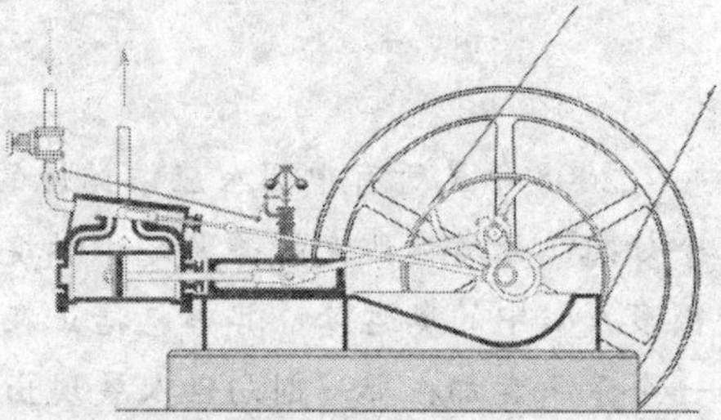

◆蒸汽机原理图

简单蒸汽机主要由汽缸、底座、活塞、曲柄连杆机构、滑阀配汽机构、调速机构和飞轮等部分组成，汽缸和底座是静止部分。从锅炉来的蒸汽经主汽阀进入滑阀室，受滑阀控制交替进入汽缸的左侧或右侧，做蒸汽膨胀交替的推动活塞运动，再由调速机构调整交替的频率，使飞轮能够被有效地控制转速。

故都新葩——北京的第一条地铁

2008 年是所有中国人应该铭记的划时代的年份。“同一个世界，同一个梦想”让奥林匹克的圣火终于燃烧在中国北京的上空，北京奥运会圆了很多人心中的奥运梦，其中包括正在奋力崛起的期盼已久的 13 亿中国人。一个千年古都在那一刻向世人展现出了无比蓬勃的朝气。

◆过去的北京地铁乘车票

◆2008 年北京奥运会运动员乘坐地铁

在奥运期间，北京成为全世界的焦点，很多外国友人赶到中国的首都观看奥运比赛，据统计日均客流量达到了500万，这是一个非常庞大的数字。那么，这么多的客流不会造成交通拥堵吗？一场比赛结束的时候，在“鸟巢”和“水立方”中观看完比赛的巨大人流又是如何引导疏散的？一方面这要得益于北京政府出台的车辆单双号出行的交通政策，另一方面，很大一部分得归功于四通八达的北京现代化的地铁。在奥运前期的准备阶段时，北京还专门为奥运修建了一条穿过奥体中心和奥林匹克公园的奥运支线，使人们观看比赛、游览景观更加方便。

◆如梦似幻的水立方

◆北京奥运地铁专线

为备战而建的地铁

这样庞大的地下工程当然不是一蹴而就的，其建设过程中的坎坷更是数不胜数。在享受着如此便捷的地下交通服务的时候，让我们饮水思源，回顾历史，看看先辈们为了北京乃至全中国的地铁发展作出过的卓越贡献。

也许谁也没有想到北京建造地铁的初衷并不是为了交通方便，而是为了战争。

◆朱德、邓小平、彭真等党和国家领导人为地铁一期工程奠基

◆建设者们翘首以盼第一列地铁缓缓驶来

◆北京地铁“奥运支线”森林公园站

从当时的交通状况看，筹建地铁是一个相当奢侈的举措。新中国成立初期，北京常住人口还不到 300 万人，机动车也仅有 5000 多辆。大街上人多车少，人们出行多是步行或乘人力车，连乘公共汽车的人都是少数。

周恩来总理曾一语道破：“北京修建地铁，完全是为了备战。如果为了交通，只要买 200 辆公共汽车就能解决。”

对于地铁的战备功用，苏联深有体会。1941 年德军大举进犯莫斯科，刚刚建成 6 年的莫斯科地铁，不但成了莫斯科市民的避弹掩体，更成为了苏军的战时指挥部。二战时的英国伦敦在面对纳粹德国空袭时也把地铁隧道当做现成的防空洞。

1959 年，北京地铁设计处的专家们开始对深埋方案展开设计。设计中，他们发现困难远比之前预想的大。根据地质勘探资料，地铁的实际埋深将超过原来估算的深度。地铁北京站埋深将达到 160 米，而红庙附近将达到 200 米，相当于 60 层楼那么高。对于这么大埋深的隧道，当时国内的技术并不成熟，甚至连这么长的电梯都无法生产。但是在苏联专家的帮助下，设计人员很快就克服了这个难题。

1961 年，中国经济受到重创。中央决定北京地下铁道建设暂时下马。

从中苏关系恶化伊始，中方就着手自主建设地铁的准备。大批归国留学生和我们自主培养的专门技术人才已经充实到地铁设计的第一线，使地铁的建造工作并未陷入停滞。

1965 年，中央又一次把目光投向一直作为战备工程筹划的北京地铁。年近八旬的朱德元帅亲自拿起扎着红绸的铁锹，为北京地铁一期工程破土。

1969 年 10 月 1 日，第一辆地铁机车从古城站呼啸驶出。经过四年零三个月的紧张施工，北京地铁一期工程建成并顺利通车了，为新中国成立 20 周年准备了一份厚礼。

时光飞逝，北京地铁在改革开放的春风下飞速发展，到 2008 年的奥运会，北京，让世界看到了一个崭新的中国；北京地铁，让世界看到了一个崭新的古都。到 2009 年，北京地铁已开通了 1 号线、2 号线、4 号线、5 号线、8 号线、10 号线、13 号线、机场快轨、八通线等线路，并计划在 2020 年成为世界上最大的地下城市之一。

小知识——关于北京地铁的小故事

北京地铁建成后长时间未开通运营的一个很大的原因是就是安全问题。

尽管 1 号线的土建工程早已完成，但北京地铁的电气系统在很长的一段时期内存在安全隐患。1969 年 11 月，北京地铁因牵引供电系统电气保护的不完善，引发火灾，造成 3 人死亡、300 多人中毒受伤，烧毁地铁车辆 2 节的重大事故。1973 年周恩来总理针对北京地铁存在的问题指出，不解决走电失火的问题，地铁不能正式运营。

北京地铁直流引供电系统的电气保护经过了近 10 年的研究，特别是在 1980 年进行了近 200 次试验，到 1982 年，在专家鉴定认为已经基本解决地铁主保护系统内的走电失火问题后，地铁一期工程经国家批准正式验收，投入运营。

争奇斗艳——华夏地铁的风采

中国的地铁事业是在新中国成立后发展的，尤其是近些年在一些大城市中，实现了跨越式发展，虽然相比国外的城市轨道交通缺少了一点沉淀，但其中所付出的努力与取得的成就却是举世瞩目。那么，接下来让我们来循着历史的足迹尽览华夏地铁的风采。

◆首都地铁站内青花瓷柱

◆上海地铁世博专线马当路站站台

全国各地的地铁

◆北京地铁车站

北京地铁是我国修建的第一条地铁，始建于 1965 年 7 月 1 日，1969 年 10 月 1 日建成通车，使北京成为中国第一个拥有地铁的城市。目前正在运营的线路有 1 号线、2 号线、4 号线（京港运营）、5 号线、8 号线 1 期（奥运支线）、10 号线 1 期、13 号线、八通线和机场快轨，运营线路总长度 228 千米，总计有车站

135个。

由于属于战备工程，北京地铁在通车后很长时间内不对公众开放，需凭介绍信参观及乘坐。1971年1月15日公主坟至北京站段开始试运行，1971年8月5日延长为玉泉路至北京站，1971年11月7日延长为古城路至北京站，1973年4月23日延长为苹果园至北京站。北京地铁二期工程始于1969年，其线路沿北京内城城墙自建国门至复兴门，呈倒U字型，设12个车站及太平湖车辆段，线路长度为17.2千米。1981年9月15日，北京地铁正式对外运营。

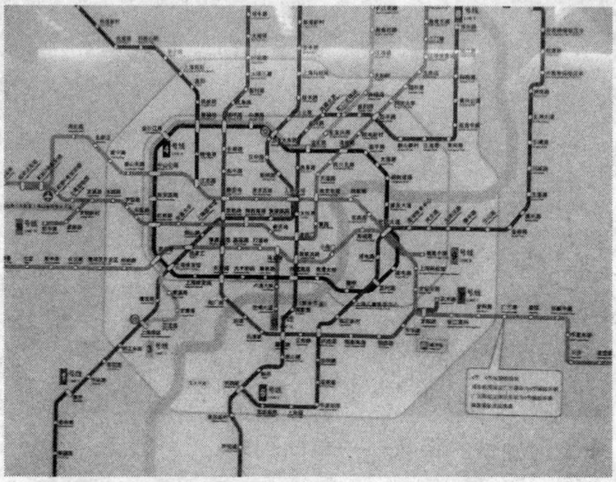

◆错综复杂的上海地铁线路图

◆飞速驶出站台的广州地铁列车

上海轨道交通建设始于1990年初。截至2010年6月，上海地铁建成12条线路，其中包括13号线世博专线，目前世博专线仅有三个站，即马当路站、卢浦大桥站、世博大道站。不计世博专线，上海地铁运营里程已经达到了420千米，不仅是国内首个突破400千米地铁网络的城市，也成为仅次于伦敦的世界地铁第二大城市。

广州地铁是中国广东省省会的城市轨道交通系统，于1997年6月28日开通。现有1号线、2号线、3号线、4号线及5号线（滘口至文冲）正在营运中。从2004年开始，广州地铁每年将平均开通35千米，到2010年

◆重庆地铁的特色——单轨列车

◆现代化的香港地铁

亚运会开幕前，广州地铁达到222千米。而广州地铁的远期规划长度是600千米。届时，广州及佛山一带的市民出行将变得非常便捷。

山城重庆满城皆山，区和区之间都是靠高架连接。独特的地理环境造就了重庆独特的地铁形式：单轨。单轨具有很多优点，例如：所占的空间较小，造价及维修价格等比地下铁路低，最关键的是单轨具有极强的攀斜能力，特别适合山区城市。

香港的地铁全长168.1千米，由9条市区线和共计80个车站组成，自1979年起为乘客提供市区列车服务。

20世纪60年代，香港经济急速发展，人口不断增加，公共交通的需求越来越大。因此，香港必须兴建一种集体运输系统，以解决当时的交通问题。1967年9月，英国人提议香港兴建地下集体运输城市轨道交通系统（地下铁路系统），计划全长51千米，4条路线，分9期兴建，耗资150亿港元，后来香港地铁正式开工直至1979年开通。

到2006年3月时，香港地铁每日乘客量超过245万人次，成为世界上最繁忙的轨道交通系统之一。

几十年的艰辛付出，造就了今天辉煌的成就。新中国的地铁从无到有，从落后到现代化，从依赖他国技术到自力更生。直到今天，北京、天津、香港、上海、广州，南京、深圳，武汉、哈尔滨、沈阳、大连、杭州、成都、西安等全国各大城市纷纷兴建城市轨道交通网，纷纷构筑城市

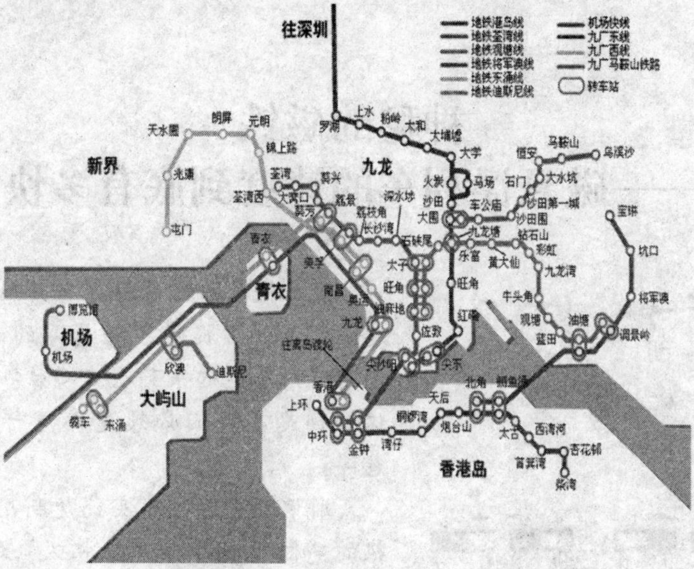

◆将与深圳地铁连接的香港地铁网

的地下交通建筑，使我们对中国轨道交通的未来充满希望。

神秘的磁铁
——磁悬浮列车的速度到底有多快

没有轮子的磁悬浮列车为什么能跑起来？是什么提供了磁悬浮的动力呢？磁悬浮列车跑起来到底有多快？要弄清这些问题，我们必须先搞清什么是磁悬浮？

所谓磁悬浮，其实就是利用磁铁两极的“同性相斥，异性相吸”的原理，让磁铁具有抵抗地心引力的能力，从而使装有这种磁铁的列车能够完全脱离轨道，悬浮在距轨道1厘米的空中。让本来应该提供支撑和动力的轮子“退休”了。这样可以消除轮子和轨道之间摩擦产生的巨大阻力，使列车行驶更加顺畅快捷。

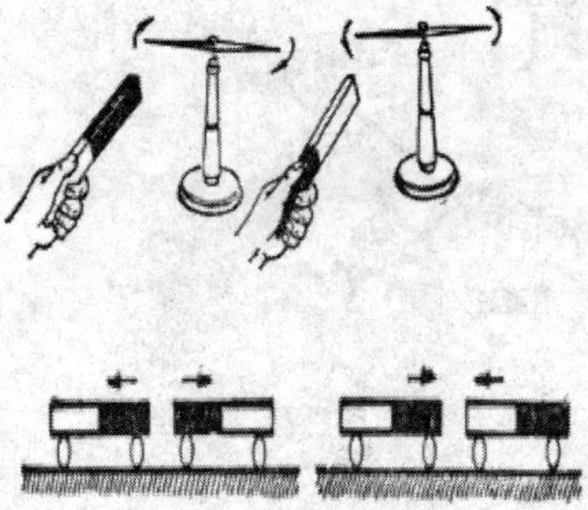
◆“同性相斥，异性相吸”

◆上海磁悬浮列车的轨道

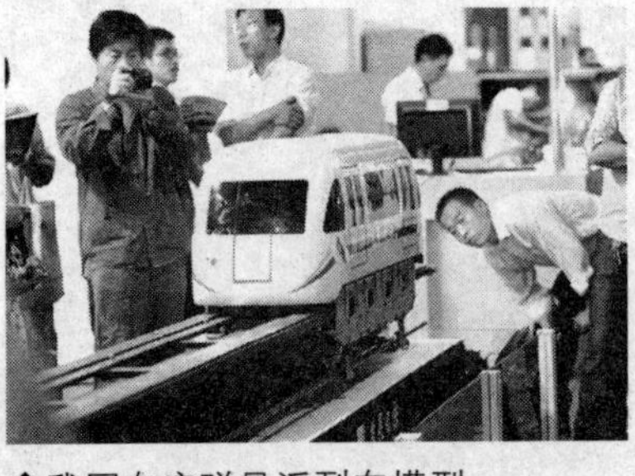
◆我国自产磁悬浮列车模型

磁悬浮列车的原理

磁悬浮列车的工作原理很复杂。安装在列车两侧转向架上的悬浮电磁铁与铺设在轨道梁上的磁铁相互产生排斥，从而使车辆浮起来。在列车底部及两侧转向架的顶部安装电磁铁，在“工”字轨的上方和上臂部分的下方分别设反作用板和感应钢板，让转向架和列车间的排斥力与列车重力相互平衡，使列车悬浮在轨道上运行，为了保持1厘米的距离，必须精确控制电磁铁的电流。

磁悬浮列车的驱动原理是通过电流将线圈变成电磁体，由于它与列车上的电磁体的相互作用，使列车开动。通俗地说，相当于电动机转子和定子之间的旋转运动变成了磁悬浮列车和轨道之间的直线运动。磁悬浮列车相当于电动机的转子，而轨道相当于电动机的定子。

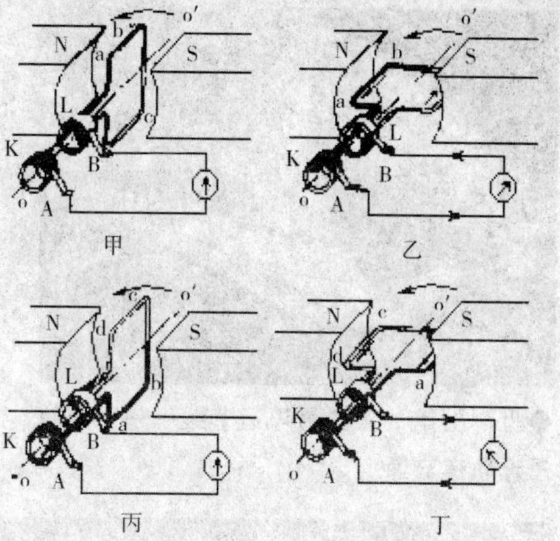

◆电磁体工作示意图

磁悬浮列车到底有多快?

一般的常导磁悬浮列车可达每小时400～500千米，超导磁悬浮列车可达每小时500～600千米。当然，这些只是实验室里的数据，到了实际运行的时候，由于种种原因，比如进站载客，启动制动的加速度时间等等，它的速度要远远低于实验室速度。

世界第一条磁悬浮列车示范运营线——上海磁悬浮列车线使用的是常

◆上海磁悬浮列车及道岔

◆世界上第一条磁悬浮运营线——上海磁悬浮轨道交通

◆日本山梨县 HSST 磁悬浮试验线

◆日本山梨县 HSST 磁悬浮试验车

◆伯明翰机场磁悬浮列车线

导磁悬浮。该运营线建成后，从浦东龙阳路站到浦东国际机场，三十多千米只需 6～7 分钟。由此得出上海磁悬浮列车，平均速度为每小时 240 千米，最高时速为 431 千米。

磁悬浮列车有许多优点：列车在轨道上方悬浮运行，轨道与车辆不接触，不但运行速度快，时速超过 500 千米，而且运行平稳、舒适，易于实现自动控制；列车运行时无噪音，不排出有害的废气，有利于环境保护；可节省建设经费；运营、维护和耗能费用低。磁悬浮列车是 21 世纪理想的超级特快列车，世界各国都十分重视发展磁悬浮交通。目前，我国和日、德、英、美等国都在进一步研发这种交通。日本的超导磁悬浮列车已经过载人试验，即将进入实用阶段，运行时速可达500千米以上。

但是磁悬浮列车也存在着很多缺点。例如：磁悬浮列车在突然情况下的制动能力不可靠，不如轮轨列车。在陆地上的交通工具没有轮子是很危险的，因为列车要从很大的动量降到静止要克服很大的惯性，只有通过车轮与轨道的制动力来克服。磁悬浮列车没有车轮，如果突然停电，靠滑动摩擦降速是很危险的。此外，磁悬浮轨道是高架的，一旦发生事故，在5米高处救援很困难；若区间停电，其他车辆、吊机也很难靠近，这些都是广泛使用前要解决的重要问题。

地球需要保护——轨道交通污染

现代地铁使用的是绿色的电能，同时能够载运大量的旅客，对于产生大量废气的地面交通有着很大的缓解作用。随着轨道交通在城市里的快速发展，人们的出行越来越便利，可越来越多的人同时也质疑，地铁在带来快速便利生活的同时，对于我们的居住环境是否会带来污染。

◆飞驰而过的地铁

地铁所产生的磁辐射

事实上，地铁在运营过程中造成的磁辐射、振动及噪声污染已对周边的市民生活造成了一定的影响。

人们在乘坐地铁或在地铁站里等车时所承受的磁辐射要比自然状态下高几百倍，这种状态有些类似于发生最强烈的磁暴时的情形。磁污染，再加上地铁运行中发出的噪声，产生的振动以及在封闭的空间中的紧压感会使乘客略微产生不适的感觉。不过，在一般情况下，地铁乘客在地铁里待的时间不多，危险并不大。

地铁的噪声污染

看不见的磁场并不是乘客们面临的唯一危害。强烈的振动产生的噪音也是这种公共交通工具的一个污染之一。北京地铁1号线瞬间振动噪声值可以高达83分贝，列车经过时，居民家中的茶杯、花瓶等桌上物品会发生明显的摆动，夜晚也能听到地下的轰鸣声。如果是磨损老化的设备，特别是那些旧机车，所产生的噪声更大，可以达到几百分贝。研究发现，所有公共交通工具中，地铁对听力的损害最严重。很多乘客，想要在嘈杂的地铁站中听清音乐，耳机音量起码高于85分贝，这将对听力造成更大的伤害。另外，地铁上也尽量不要打电话。

◆地铁的噪声污染

噪音对人体最直接的危害是听力损伤。人们在强噪声环境里待上一段时间，会感到双耳难受，甚至会出现头痛等症状。此外，噪音能够引起很多疾病，例如：头痛、脑胀、耳鸣、失眠，甚至高血压、动脉硬化和冠心病等。特强噪声对仪器设备和建筑结构危害极大，当地铁车辆的噪音过强时，对车辆本身也是一种“内伤”，当这样的“内伤”积聚到一定程度的时候，车辆就会很快损毁。

根据北京、上海地铁的实测情况，在距车辆7.5米处的噪声约为88分贝，距车辆30米处约为75分贝。为了防止噪声污染，影响周边环境，杭州地铁对高架段沿线规模较大的敏感位置将采取噪声防治措施，建设隔声屏障，使噪声符合国家标准。

振动和噪音都是环境公害之一，地铁交通对周围建筑物的振动、噪音影响已引起广泛关注。现在人们买房比较注重环境的舒适度，地铁噪音、振动污染过大，对住户而言，轻则失眠、烦躁，重则导致一系列生理和心理疾病，这些隐性问题不容忽视。

那么，用什么措施来防止地铁的噪音污染呢?

目前，世界上还没有一种有效的技术能够完全消除地铁运营期间产生的噪音，但可以采取行之有效的方法将噪音控制在我们可以容忍的范围之内，通常采用的措施是在地铁周边架起隔音带，建设隔音屏障。

◆武汉拟建的地铁隔音屏障

环保降噪是一项民心工程，隔音屏虽然不能做到完全隔绝地铁的噪音，投入的成本也极为巨大，但是在地铁所经过的居民区建设隔音屏确实能够极大地改善周边居民的居住环境，使居民的学习工作休息环境更加舒适安静。

小知识——居民如何减少噪音污染

1. 对付噪音的最好办法就是窗户要封严，双层窗比单层窗效果更好一些。铝合金窗的密封性比塑钢窗差。

2. 使用厚质窗帘消耗部分声音的传输能量。

3. 一些房子采用轻质砖（空心砖）作外墙，这些材料密封性较差，采用墙纸之类的装饰内墙面，也能达到一定的隔音效果。

4. 无论怎么做隔音，也要适当的通风，过于封闭的环境对睡眠也不健康。在面向噪音的一边要防噪，对于背对的一边要适当地保持通风条件。

数风流人物，还看今朝

——轨道交通的大发展

轨道交通不仅是现代化大都市必不可少的交通方式，而且还是大家了解这个城市的一个重要窗口。但是，通过乘坐轨道交通车辆仅仅只能了解一点点轨道交通车辆和车站，这只是轨道交通系统很小的一部分，让我们一起去进一步了解有趣的轨道交通吧。

◆轨道交通车辆

如何行走天地间——轨道交通车辆

轨道交通车辆主要指地铁车辆和轻轨车辆，它是城市轨道交通的最重要的设备，也是技术含量较高的机电设备。它满足容量大、安全、快速、舒适、美观和节能的要求，具有先进性、可靠性和实用性。那么，对于轨道交通，你了解多少呢？

◆上海轨道交通4号线列车

什么是轨道交通车辆？

地铁车辆包括动车和拖车，动车带有动力牵引装置，而拖车无动力牵引装置。动车可分为有受电弓和无受电弓两种，拖车有有驾驶室和无驾驶室之分。例如，上海地铁车辆包括有驾驶室拖车，有受电弓动车，无受电弓动车，采用6节或8节车厢编组。采用6节的可排列为A—B—C—C—B—A；采用8节的可排列为A—B—C—B—C—B—C—A。

◆成都地铁车辆

无论是哪种地铁车辆，城市轨道交通车辆都由车体、转向架、牵引缓冲连接装置、制动装置、车辆内部设备、车辆电气系统组成。

车体

车体是容纳乘客和司机驾驶（对于有驾驶室的车辆）的地方，是安装与连接其他设备部件的基础。一般有底架、端墙、侧墙及车顶等。

◆南京地铁车辆

转向架

位于车体和轨道之间，用来支撑车体并引导车辆沿着轨道行驶，承受与传递来自车体及线路的各种载荷及作用力，是保证车辆运行质量的关键部位。

◆转向架

牵引缓冲连接装置

车辆编组安全运行必须借助于连接装置，即车钩。车钩一般采用密接式车钩。为了改善列车的纵向平稳性，一般在车钩的后部装设缓冲装置。

◆地铁牵引传动系统

制动装置

制动装置是保证列车安全运行不可缺少的装置。城市轨道交通制动装置除常规的空气制动外，还有再生制动、电阻制动和磁轨制动等各类装备。

车辆内部设备

车辆内部设备是服务于乘客的车体内的固定附属装置和服务于车辆运行的设备装置。

车辆的电气系统

车辆电气系统指的是车辆上的各种电器设备及其控制电路。它分为主电路系统、辅助电路系统和控制电路系统三部分。

◆地铁制动电阻

小知识——城市轨道交通的发展前景展望

城市轨道交通是城市公共交通系统的一个重要组成部分，有地铁、轻轨、市郊铁路、有轨电车以及磁悬浮列车等多种类型。国外城市轨道交通起步较早，德国、美国、日本等国都已形成完善的城市轨道交通网络，相对而言，中国城市轨道交通建设起步较晚。在 2000 年之前，中国大陆仅有北京、上海、广州、天津四个城市拥有轨道交通线路。进入 21 世纪以来，随着中国经济的飞速发展和城市化进程的加快，城市轨道交通也进入大发展时期。目前，中国已经开通运行轨道交通的城市和地区有北京、天津、上海、广州、香港和台湾地区。正在建设地铁的城市有：大连、深圳、南京、武汉、重庆、长春等。成都、杭州、沈阳、西安、哈尔滨、青岛、苏州等的地铁建设正在规划中。中国的城市轨道交通行业步入一个跨越式发展的新阶段，中国已经成为世界最大的城市轨道交通市场之一。

旅途驿站——轨道交通车站

车站是轨道交通系统的重要组成部分，它除了提供旅客上下车以外，还具有一系列功能：作为购物中心、休闲广场及特色的城市景观等。

轨道交通系统的车站按照不同的需要可分为很多种类，按照车站与地面相对位置分为地下车站、地面车站和高架车站；按车站的运营性质可分为终点站、一般中间站、中间折返站和换乘站等；按车站站台形式分为岛式车站、侧式车站、一岛一侧、一岛两侧等车站形式。

在这一节，一起来了解一下各种各样的车站吧。

各国车站的艺术

◆瑞典斯德哥尔摩地铁车站

车站布局是空间、光和结构三者协调的一门艺术。很多车站就像一个艺术品，反映了不同地区的风土人情和地方特色，让人回味良久。车站的风格大体可分为古典风格、现代风格和民族风格三种。

古典风格

古典风格的车站一般使用木材、石料、砖等传统建筑材料建筑，在内外墙面、柱及屋顶等各部分都有复杂的装饰、雕刻。这种风格可以创造一种富丽堂皇的宫廷建筑形式，适合建造在具有历史保护价值的古建筑群内或附近建设的车站，显示车站建筑对历史的尊重。

现代风格

与古典风格不同，现代风格的车站一般使用钢、混凝土、玻璃等建筑材料建筑。这种风格适合现代快节奏社会中人们的审美情趣，且可采用现代技术施工，建设速度快，经济性好，目前被多数车站采用。

◆现代风格的地铁奥运支线奥林匹克公园站

民族风格

由于民族不同的文化特点和审美情趣，建筑领域内的民族风格特色往往体现在形象方面。中国的地铁站建设以木材居多，形象轻盈，色彩热烈；外国的地铁车站建设以石料居多，常显得厚重，颜色上注重本色。

◆朝鲜平壤地铁车站图

莫斯科地铁车站明亮、华美，美丽得令人忌妒，一点也不输给美术馆或宫殿，许多苏联时代建造的地铁车站更是极其华美，富有寓意，宣扬共产主义的平等。莫斯科的每座地铁站都有独特的建筑风格。来自乌拉尔山、阿尔泰山、中亚、高加索及乌克兰等二十多种不同产地的大理石及各种矿石，铺满了车站的大厅。精美的大

◆莫斯科地铁车站图

理石艺术雕像、浮雕，典雅的吊灯、玻璃拼花以及站台顶部那些代表着建筑者精湛技艺的马赛克镶嵌画，使车站仿佛成了一座艺术博物馆。

广角镜——世界上最长的无人驾驶地铁：迪拜地铁

迪拜地铁先期建设了两条主干线，即红线和绿线，两条线共有 47 个车站，全长 75 千米。红线设 4 个地下车站，绿线设 6 个，联合广场车站和布加曼车站为主要换乘站。迪拜地质特性为海相砂覆盖黏结砂和沙石，地下水位高，通常为 3 至 4 米。2007 年 1 月迪拜地铁红线采用盾构技术开始隧道挖掘施工，施工采用的盾构机全长 82 米，刮刀刀具形状的盾构头部长 10.7 米，重量 820 吨。迪拜地铁隧道挖掘深度为 9.59 米，楔形衬砌管片由螺栓连接，并使用亲水垫片和外部防腐层。地铁红线下穿一条溪流，下穿溪流段隧道顶板离河床的覆土层 10 到 13 米，盾构挖掘在海平面以下 22 米。

全部完工后，迪拜地铁是世界上最长的无人驾驶城市快速轨道交通系统。全长 52 千米的红线于 2009 年 9 月份开通运营，全长 23 千米的绿线 2010 年 3 月份开通。

小知识——世界上最大的火车站

美国纽约市的大都会终点站是世界上最大的火车站。20 世纪初由百万富翁威廉姆·范德贝尔德出资，美国沃伦和怀特摩尔公司、里德和斯泰姆公司两家建筑公司联合承建。这座车站占地 19 公顷，为世界最大的火车站。该车站分为上下两层，上层有 41 条铁路线，下层有 26 条铁路线。平均每天有 550 多列火车、21 万名上下班旅客从这里经过。

◆纽约大都会终点站

例行体检——轨道交通检修基地

轨道交通检修基地由车辆段和停车场构成。车辆段、停车场是城市轨道交通系统的重要组成部分，但由于其投资和用地都较多，往往会和城市的整体规划产生矛盾。虽然车辆段、停车场资源共享在国外已不乏先例，但在我国尚处于探索阶段，因此有必要对车辆段、停车场资源共享的问题展开探讨，以促进我国轨道交通事业的发展。

◆轨道交通检修

◆上海 1 号线车辆段进线

◆上海地铁 11 号线检修基地内部

现代化城市市区面积庞大，而且以周围卫星城市为发展趋势，这对城市的交通系统提出了更高的要求，需要速度更快、流量更大的交通方式来支持日益膨胀的客流量。因此，城市快速轨道交通在城市交通系统中日显重要，北京、天津、上海、广州等国际化都市纷纷制订了城市轨道交通发展规划。以上海为例，未来轨道交通网络线路总长将达到 805 千米。要支持规模庞大的城市轨道交通网络顺畅运行，必须有相当数量的列车和车辆基地。目前，为了合理规划城市土地，在满足运营需要的前提下，通过资源共享优化城市轨道交通车辆段、停车场的规模和用地是十分有必要的。

国外的轨道交通系统检修基地

◆集环保、美观于一体的车辆段设计理想图

日本东京

东京拥有 243 千米的地铁网络，其地铁车辆段、停车场分为 3 个层次：第一层次为车辆检修段，主要承担车辆的停放、清洗、月检等工作，对长度较短的线路一般设置 1 个检修段，而长度较长的线路则设置 2 个检修段。第二层次为车辆修理车间，承担车辆重要部件检修和全面检修。检修以更换为主，效率较高。整个地铁网络共设置 5 处检修车间，一般2～3条线共用 1 处。如中野修理车间由银座线和丸之内线二线共用，绫濑修理车间由千代田线、有乐町线和南北线三线共用。第三层次为车辆 CR 工厂，该工厂主要承担车辆的大规模修理和改造。东京地铁全网络中一共设置了 2 个 CR 工厂，一个是小石川 CR 工厂，承担银座线、丸之内线的大规模车体修理，另一个是新木场 CR 工厂，承担除银座线、丸之内线之外的所有营团线路的大规模车体修理。

俄罗斯莫斯科

莫斯科地铁始建于 1933 年，1935 年 5 月投入运行。莫斯科地铁是世界上最繁忙的地铁之一，每天有上百列车在运行，因此地铁车辆的维修也是十分必要的。莫斯科地铁车辆维修采用大修与段修分修制，车辆大修厂集中承担地铁全系统车辆的大修任务。车辆段承担本线车辆的定期修理（架修和定修）、日常维修（月修、技术检查、列检、清扫洗刷）和列车停放任务。莫斯科地铁车辆段的设置根据线路长短而定，一般每条线设 1 个车辆段；当线路长度超过 30 千米时，可设 2 个车辆段。莫斯科地铁现已建 13 个车辆段，2 个车辆大修厂。

◆莫斯科地铁自动扶梯

莫斯科地铁被称为列宁莫斯科市地铁系统，是世界上规模最大的地铁之一。地下铁道考虑了战时的防护要求，可供 400 余万居民掩蔽之用。

莫斯科地铁一直被公认为世界上最漂亮的地铁，地铁站的建筑造型各异，且华丽典雅。每个车站都由国内著名建筑师设计，各自都具有独特的风格，建筑格局也各不相同。莫斯科的地铁车站大多用五颜六色的大理石、花岗岩、陶瓷和五彩玻璃镶嵌，除各种浮雕外，风格均有着浓厚的莫斯科特征，雄伟壮丽。雕刻和壁画装饰大气典雅，照明灯具十分别致，好像富丽堂皇的宫殿，被称为“地下的艺术殿堂”。

轨道交通的神经网络
——轨道交通如何通信

◆运行中的列车

我国大城市交通拥挤现象十分严重，因此发展快捷、方便的城市快速轨道交通已势在必行。为了保障城市轨道交通列车的安全以及正常运行，提高运营管理的水平，便于沿线维护工作的联络，建立了城市轨道交通通信系统。

城市轨道交通通信系统

城市轨道交通通信系统由以下几个子系统组成：通信传输子系统、无线通信子系统、监控子系统、公务电话子系统、广播子系统、时钟子系统、电源子系统、旅客导乘及信息服务子系统。

通信传输子系统

通信传输子系统是通信系统中最重要的一部分，是用来联接行车调度指挥中心与车站、车站与车站之间信息传输的主要手段，是组建轨道交通通信网的基础和骨干。该子系统为通信系统的各部分以及其他重要的轨道交通系统提供了语言、数据和图像的传输通道。目前我国的通信传输子系统主要采用准同步数字传输系统，该系统具有多年发展历史，技术非常成熟，广泛应用于光纤数字网。

无线通信子系统

为保证城市轨道交通列车运行的安全、准点、高密度和高效率，实现运输的集中统一指挥、行车调度自动化和列车运行自动化，必须配备专用的、完整的、独立的无线通信系统。无线通信子系统主要用于轨道交通的列车运行调度指挥、公安治安、防灾应急通信、公务维修施工人员的通信、管理人员的通讯联系，这个系统已经成为了城市轨道交通的命脉。

监控系统

城市轨道交通综合监控系统是基于系统骨干网，通过专业接口装置，在SCADA系统软件平台上实现多专业、多系统的数据采集、信息集成和信息共享，为城市轨道交通科学和高效的运营组织和管理提供先进的技术手段，是调度员和车站值班员通过监控系统监视列车运行，掌握客流量大小和流向，提高行车指挥透明度的辅助通信工具。一旦发生事故，监控系统可作为调度员指挥抢险的指挥工具。

公务电话子系统

公务电话子系统为轨道交通管理部门、运营部门、维修部门提供公务联络，该系统具备电话业务和非话业务，与无线系统联接，与当地公用电话网互联，是通信系统中不可或缺的一部分。

广播子系统

广播子系统是中心调度员、车站值班员提供对指定区域进行有线广播、并实现事故抢修和应急事件中组织指挥和疏导乘客安全撤离的重要防灾广播系统。

轨道交通时钟子系统

通过接受标准时间信号，使自身的时间与标准时间同步，并为其他系统提供时间信号。

◆地铁的信息提示牌

电源子系统

电源子系统为通信系统的各子系统提供正常运行的电力。电源子系统必须安全可靠，能够持续运行而不间断。

旅客导乘及信息服务子系统

旅客导乘及信息服务子系统将列车信息、运行状态及安全事项等通过导乘显示屏播放出来，供旅客查看。

小知识——轨道交通通信系统能不能与市话系统合二为一

通信系统大部分的功能体现在信息的传输上，那么是不是可以利用城市所拥有的电话系统来进行信息方面的传输呢？

答案是不可以。因为我们所需要的通信系统是一个独立的、完整的、专用的系统，而且它除了能够传输市话系统的语音信号外，还要求能够传输文字、数据以及图像等各种信息，是综合业务数字通信网络。

因此，市话系统是不能够与城市轨道交通通信系统合二为一的。

轨道交通的大脑
——轨道交通控制中心

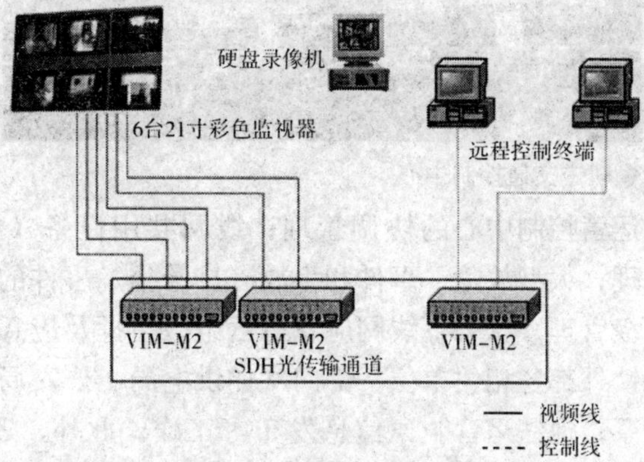

◆轨道交通控制中心结构图

◆轨道交通控制中心

轨道交通控制中心是对轨道交通全线所有运行车辆、车站、区间进行总的监视、控制、协调、指挥、调度和管理的中心，它的主要任务是满足运营中的各种功能要求，因此，控制中心又可称做轨道交通系统的“大脑”。城市轨道交通线路的建设规划必须考虑设置运营控制中心。如何结合城市轨道交通路网规划的要求来考虑运营控制中心的设置、功能定位等问题是非常重要的，它将直接影响城市轨道交通路网规划的实施，并将对今后的长期运营管理产生重大影响。由于轨道交通线路地理分布的分散性，城市轨道交通以车站为监控管理的基础单位，在控制中心建立了全线监管中心的大型分层分级监控系统。

轨道交通控制中心

◆轨道交通控制中心

轨道交通系统需要保证地铁和轻轨安全、正点，保证行车调度的信号系统、防灾报警系统、自动售检票系统与其他各种设备正常运转及全线的运营秩序。地铁线网调度指挥中心主要负责对各区域运营控制中心的协调管理；线网共用设备（如供电、供冷设备等）的管理；大型故障、事件和事故（按警报、事件的影响程度划分等级，进行分级管理）状态下线网应急运营组织指挥及应急运营服务信息的发布；与地铁外部各相关单位、部门（如供电局、公安局、气象局、地震局等）的联系；地铁运营服务信息发布等工作。此外，还对系统设备进行监视指挥，对部分跨线共用设备设施可以控制指挥。

轨道交通系统的分布通常覆盖整个城市，车站、控制中心、车辆段等各地间距离较远。地铁的监控管理系统分为中央和车站两级，并通过共用的通信平台，将控制中心的各系统服务器、各车站的操作员站和控制设备连接在一起，完成地铁运营所需的各项功能。在组织实现各项运输计划时，下级调度必须服从上级调度的指挥。各级调度同时接受同级运输管理部门的领导和上一级调度指挥部门的指挥。

通过建立统一的通讯网络，提高城市轨道交通的自动化监控程度，使地铁有发展成为无人值守的现代化轨道交通系统的可能。同时，由于使用统一的网络，使得环境监控系统得以与防灾控制、公安信号、视频、机电设备控制、自动售检票系统等监控子系统有效地结合在一起，组成了现代综合监控系统，也就是轨道交通控制中心。

知识窗

轨道交通车站的分类

按车站运营性质分类：

中间站、区域站、换乘站、枢纽站、联运站、终点站。

按车站站台形式分类：

岛式站台、侧式站台、岛侧混合式站台

小知识——城市地铁视频监控联网技术系统

目前，城市地铁车站视频监控一般分为两级监控：在地铁车站端要求监视所有本站图像，另外在监控中心要求可以监视下属各地铁站的情况。监控系统的使用大大加强了轨道交通运行的安全性、乘客的舒适性以及灾害情况下乘客疏散的及时性，可将灾害情况下的损失减少到最低。考虑到资金投入的问题，在中心端，一般不要求同时看到所有地铁站的所有图像，而是采取两种方式监视：一种是同时监视各地铁站的某几路图像，另外一种是要求可同时看到某一个地铁站的

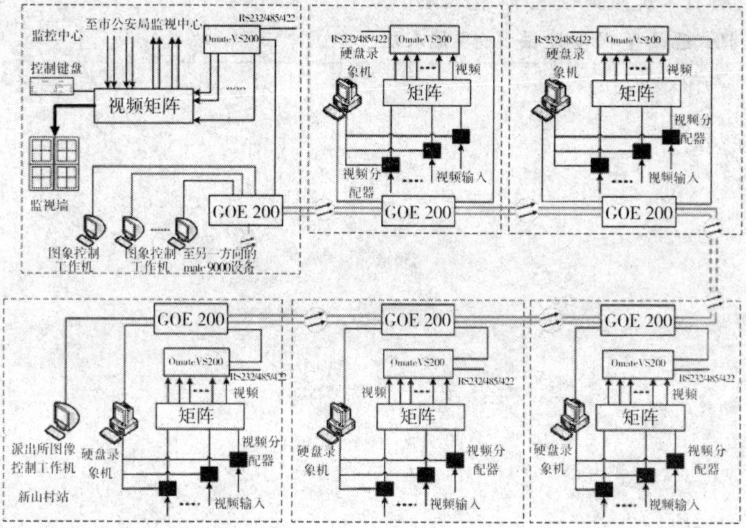

◆某市轻轨运行闭路电视系统

所有图像或大部分图像。这就需要考虑从各地铁站到监控中心的视频传输问题。从各地铁站到监控中心的视频传输一般有两种方案。

第一种是使用数字视频编解码器，通过同步数字体系提供的E1信道完成视频传输；第二种是采用光纤方式，独立组成城铁视频监控联网系统完成传输。

当前，城市轨道交通的建设由于科学发展和技术进步的推动正在走向全自动化、全数字化和高智能化。综合监控系统已经成为国际主流技术，也正在成为国内地铁自动化系统的技术发展趋势。

开心驿站

世界各地地铁的年客流量

1. 俄罗斯莫斯科地铁25.29亿人次
2. 日本东京地铁21.17亿人次
3. 美国纽约地铁18.50亿人次
4. 韩国首尔地铁16.54亿人次
5. 墨西哥墨西哥城地铁14.17亿人次
6. 法国巴黎地铁14.09亿人次
7. 中国香港地铁13.09亿人次
8. 英国伦敦地铁10.14亿人次
9. 日本大阪地铁8.78亿人次
10. 巴西圣保罗地铁8.45亿人次

科学发展观
——轨道交通新技术

轨道交通是一项能够体现国家综合实力的工程，它的设计规划以及建设运营过程中所运用的技术往往都是这个国家在该领域最先进的技术。从轨道交通各个时代的变革中我们能够看到中国发展的缩影。我们一起来了解一下我国的技术吧。

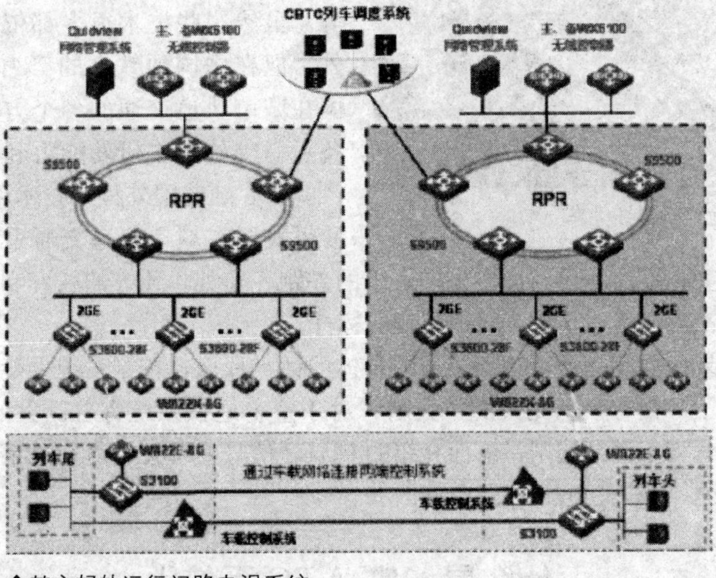

◆某市轻轨运行闭路电视系统

我国的轨道交通技术

我们国家从20世纪90年代建设的上海1号线和广州1号线地铁开始，我国城市轨道交通技术从无到有，从生疏到熟悉。在20世纪80年代末，上海地铁凭着在国外收集到的资料，艰难地开始了各种系统和设备的试

◆上海地铁一号线列车

制，许多概念在中国几乎还是一片空白，但是通过广泛的学习和采用各国最新技术装备，克服困难，逐渐建成具有世界一流技术水平的城市轨道交通系统，如具有综合监控能力的运营调度系统、自动售检票系统（AFC）、采用铝合金或不锈钢车体、具有列车自动控制（ATC）功能的信号系统、车站屏蔽门（或安全门）系统、车站和隧道火灾自动报警系统以及车站各种先进设备等。虽然这些技术很多都依赖于国外，但在中国地铁人的努力下，我国在城市轨道交通的各个方面都具备了一定的自主研发能力和自主生产能力。随着国外科学技术的引进，使得我国在城市轨道交通系统的研发水平上正逐渐缩小与世界先进水平的差距。比如，北方的长春和南方的株洲、南京已经成了国产轨道车辆的标杆。

如果说列车是城市轨道交通的身体的话，那么，控制系统无疑就是它的灵魂了，拥有一个庞大的“大脑”对于整个地铁系统有着巨大的意义。同样是对列车进行控制，下面介绍的 CBTC 信号系统在轨道交通系统中的应用较之 ATC 又更加先进了一步。

什么是地铁 ATC 系统?

在中国，因为引进技术的时间不同，导致了各系统的不统一。ATC 系统是城市轨道交通运营系统的中枢，它控制列车安全、高效地运行，同时也肩负着行车调度的重要职能，是行车调度员、行车值班员等行车人员进行日常工作和行车组织的操控平台。上海地铁 1 号线在 20 世纪 90 年代第一次引进国外的 ATC 系统，上海地铁 2 号线引进 ATC 系统时，数字电路技术正趋于成熟应用阶段，因此 2 号线的 ATC 系统比 1 号线在技术上更上了一个台阶。

◆工作人员正在操作 ATC 系统来管理列车的运行

ATC 系统制式的不统一给中国地铁的发展带来了很大的问题。由于无法互联互通，每列车都只能在固定的线路上运行，每条线路都具备自己的独立的停车空间，由此带来的成本非常巨大。

小 书 屋

ATC 是 Automatic Train Control 的简称，中文名叫列车自动控制系统。ATC 系统通过信息交换实现地面控制与车上控制结合、现场控制与中央控制结合，构成一个集行车指挥、运行调整以及列车驾驶自动化等功能为一体的列车自动控制系统。简而言之，就是给正在运行的车辆安装了一个人工“大脑”。

地铁的 CBTC 系统

CBTC 信号系统的产生给了我们另一个选择。我国现有的列车控制系统主要是基于轨道电路的列控系统 CBTC。轨道电路有它不可忽视的优点，如它能比较完善地检查列车的完整陛，从而为有效地保障行车安全，提高行车效率发挥巨大作用。

CBTC（Communication Based Train Control System），从字面上我们可以把它理解为基于通信的列车控制系统。简而言之，CBTC 是一种采用先进的通信、计算机技术，连续控制、监测列车运行的移动闭塞方式。CBTC 中的通信必须是连续的，这样才能实现连续的列车自动控制，利用轨间电缆、漏泄电缆和空间无线都可以实现车、地双向信息的连续传输。列车在区段内运行时，通过 GPS（全球定位系统）、查询应答器或里程计装置实现列车位置和速度的测定，利用无线通信系统通过基站将列车位置、速度信息发送给调度控制中心，中心再将将目标位置、速度及线路参数等信息发送给后行列车。收到信息后，根据前车、本车运行状态、线路参数等，采用车上计算、地面 SCC 计算或同时计算，并根据信号故障—安全原则，预期列车在一个信息周期末的状态能否满足列车追踪间隔的要求，从而确定合理的驾驶策略，实现列车高速、平稳地以最优间隔运行。

小博士

根据列车运行状态及相关闭塞分区状态，自动控制地面通过信号机（blocksignal）显示，司机凭地面信号机显示选用行车方式的闭塞方法。当前方车站有轨道交通车辆停在车站中时，我们就可以看到地面信号灯是红色的，这就给了司机信号——前面的道路上有停止的车辆，应该停止行车，等待前方车辆离开车站再驶入，避免发生事故。

小知识——CBTC 系统的优点

CBTC 实现了采用无线通信技术完成列车和地面的双向通信，而非以往借助钢轨电路作信号传递，从而实现列车运行控制。CBTC 的突出优点是传输信息量大，传输速度快，很容易实现移动自动闭塞系统，大量减少区间敷设电缆，减少一次性投资及日常维护工作。我们可以想象一下，这就像购买一对对讲机和布设电话网然后再往家里装电话一样，两者的成本谁大？不仅如此，CBTC 更可以大幅度提高区间通过能力，从组织运营上挖掘潜能，才能够使得轨道交通灵活组织双向运行和单向连续发车，容易适应不同车速、不同运量、不同类型牵引的列车运行控制等。

广角镜——CBTC 技术实例

在开始运营的上海轨道交通 8 号线车站，只要列车进站，就会有工作人员上前打开屏蔽门，待乘客上下车结束时再关上。不过，现在这一现象已经没了。究其原因，正是 CBTC 信号系统的功劳。对信号系统进行升级后，8 号线的列车车门和车站屏蔽门实现了联动开关，站台上就没有工作人员手动开关屏蔽门了。

形象地说，CBTC使得列车不但能够主动看到“自身”的运行情况，还能将情况主动反馈给主系统，从而让列车具备了“思考”和“对话”的能力。CBTC能够自动“感知”、检测前方相邻列车的位置，并主动调整前后间隔，能“感觉”到乘客的流量，能快速诊断和恢复自身的故障，并对行车间隔进行调节，运行时的最短间隔可达到112秒（考虑到开关门、上下乘客的时间）。

正是基于这种先进的信号系统，上海轨道交通10号线已具备无人驾驶的条件。

地铁一定修建在地下吗？
——记地下铁道

◆地上的地铁

地下铁道的原始意义是修建在地下隧道中的铁路。随着地下铁道的发展，其线路布置已不仅仅局限在地下隧道中，而是根据需要也可以布置在地面或采用高架的方式修建，但城区的线路还是以地下为主。由于地下铁道所用的技术标准不同又可分为重型地铁、轻型地铁与微型地铁三种类型，它们的运载能力因技术标准的不同而差别很大。目前，地下铁道的概念通常指重型地铁。

各国的地下铁路

◆英国伦敦地铁

世界上首条地下铁路系统是在1863年开通的伦敦大都会铁路，当时是为了解决伦敦的交通堵塞问题而建。当时电力尚未普及，所以即使是地下铁路也只能用蒸汽机车。由于机车释放出的废气对人体有害，所以当时的隧道每隔一段距离便要有打通到地面的通风井。

美国的芝加哥曾有用来运载货物的地下铁路；英国伦敦亦有专门运载邮件的地下铁路。但这两条铁路已先后在 1959 年及 2003 年停用。目前世界上所有城市的地下铁路仅为客运服务。

◆美国纽约地铁

在战争（如第二次世界大战）时，地下铁路亦会被用做工厂或防空洞。不少国家的地铁系统在设计时都把备战的因素考虑在设计内，所以无论是地铁的深度、人群控制方面，都同时兼顾日常交通及国防的需要。

◆莫斯科地铁

随着人类建筑水平的不断发展和降低成本的需要，地铁也不再局限于地下，而是向地面和地上发展，也因此有了双轨电车、轻轨铁路、单轨、磁悬浮系统等。

有趣的历史——铁路修建的重重困难

任何新事物的产生都不是一帆风顺的。人们害怕自己的生活发生新的变化，总是不顾一切地去阻拦。比如，我国刚开始有照相馆时，迷信的人们认为人有七魂六魄，照一次像就会摄走一次魂，现在看来当然可笑。当年修建地铁也是一样，顽固的反对派列举了种种理由来反对。19 世纪 80 年代，巴黎的争辩双方甚至到了恶言相向的地步。反对建地铁的一方说：“地底下的泥土中藏有好几个世纪以来的污秽，开挖地铁隧道会释放出何等毒瘴？谁晓得在腐臭的地底下胡搅一通会有什么后果？”另外一种攻讦则有着爱国主义的色彩：“伦敦人喜欢被蒸汽、黑暗以及烟雾包围，与我们巴黎人有什么关系？巴黎人天生喜欢明亮、色彩、光线。我们不喜欢搭乘一种偷尝坟墓风味的交通工具。”甚至大文豪雨果也参与了辩论，他痛心疾首地表示：“古城巴黎总有一天会被金属支架搞得面目全非。”美国的纽约修建了高架铁路，但后来却被批评得一无是处。当时一份流传的文件上共有150多名医生签名，认为搭乘高架铁路会招致“精神错乱、道德沦丧、脑力耗竭、失眠症、狂躁症、歇斯底里、瘫痪、脑膜炎以及营养不良”。最终，当人们慢慢熟悉新事物后，就逐渐接受了地铁。

小知识——地铁与轻轨

你知道地铁与轻轨的区别吗？是不是建在地下的就是地铁，建在地上的就是轻轨？

随着中国城市的发展，一些大中型城市已开通或正在建设地铁和轻轨，普通民众由于对城市轨道交通系统接触较少，认识时间较晚，概念上有些误区。有人认为城市轨道交通中，在地面以下行驶的叫地铁，在地面或高架轨道上行驶的就是轻轨；还有人认为轻轨的钢轨重量比地铁轻，这两种认识都是错误的。城市轨道交通分为地铁和轻轨两种，地铁和轻轨都可以建在地下、地面或高架桥上。为了增强轨道的稳定性，减少养护和维修的工作量，增大回流断面和减少杂散电流，地铁和轻轨都选用轨距为1435毫米的国际标准双轨作为列车轨道，与铁路选用的轨道规格相同，并没有所谓的钢轨重量轻重之分。

地铁与轻轨的区分主要视其单向最大高峰小时的客流量。属于中等载客量的轻轨铁路车辆，其车厢的额定载客量为202人，其车厢宽度也比地铁车厢少0.4米，车辆轴重为14吨，每列车编组只有2～4节车厢。而大载客量的地铁车厢，一般的额定载客量为310人，车辆轴重为16吨，每列车编组采用6节。故一列地铁列车的运能是一列轻轨列车的运能的2倍左右。若按照运量来测算，地铁能适应远期单向高峰小时客流量为5万到6万人次，而轻轨能适应远期单向最大高峰小时客流量1.5万到5万人次。

上海轨道交通5号线虽然是高架型式，但其制式完全是属于地铁制式，车厢与地铁1号线、2号线相同，编组也为每列6节，设计远期高峰小时单向客流量为5.15万人次，所以不能称之为“轻轨”，应准确称呼为“高架铁”或是“高架轨道”。

轨道交通一定是双轨吗？——记单轨交通

◆单轨地铁

轨道交通一定是双轨吗？随着轨道交通在城市地下的快速发展，人们的出行越来越便利，同时轨道交通的种类也发生了变化。单轨交通的产生就是一个鲜明的例子。单轨交通是一种让列车在架高的专用轨道上行驶的交通系统，不受地面交通堵塞的影响，可以安全正点地运行，也有效地利用了城市的空间，既占地少又不影响地面的绿化，由于单轨列车使用橡胶轮胎可以降低噪声，同时，由于是用电驱动，没有废气排放，这些均符合环境保护的要求。单轨铁路的路轨一般以混凝土制造，比普通钢轨宽很多。而单轨铁路的车辆比路轨宽。与地铁相似，单轨主要应用在城市人口密集的地方，用来运载乘客。亦有在游乐场内建造的单轨铁路，专门运载游人。

单轨铁路的类型

单轨铁路主要分成两类：悬挂式单轨交通和跨座式单轨交通。车辆悬挂于轨道下方行驶。悬挂式单轨交通轨道梁为下部开口的箱型钢梁，车辆走行轮与导向轮均置于箱型梁内，沿梁内设置的轨道行驶。车辆改变行驶方向时，通过箱型轨道梁内可动轨的水平移动实现。我国第一条单轨交通运输线是重庆第一条城市轨道交通线——较（场口）新（山村）线。该线

◆悬挂式单轨铁路

◆跨座式单轨列车

路采用跨座式单轨铁路。线路东起市中心的商业繁华地带较场口，经临江门、牛沱、大坪、杨家坪、动物园、大堰村等，至市西部工业中新山村，全线共设置18个车站，全长18.878千米。中国重庆市的城市轨道交通中有两条跨座式单轨铁路，其中重庆轨道交通2号线已于2006年正式运营，在两条轨道之间设有乘客紧急通道的重庆轨道交通3号线亦于2010年投入运营。重庆轨道交通二号线是我国第一次引进国外先进技术，通过消化吸收再创新而建设，并成功运营的国内第一条单轨交通线路。该线路每年运客量约3000万人次。

跨座式单轨交通。车辆骑行于轨道梁的上方，车辆除底部的走行轮外，在车体的两侧下垂部分尚有导动轮和稳定轮，夹行于轨道梁的两侧，保证车辆沿轨道安全平稳地行驶。

跨座式单轨铁路是只通过单根轨道来支承、稳定和导向，车体骑跨在轨道梁上运行。世界上第一条跨座式单轨铁路线诞生于1888年，是由法国人Charle Larligue设计，在爱尔兰铺设的，线路长约15千米，由蒸汽机车牵引，最高速度每小时43千米，旅行速度每小时29千米，这条线路一直使用到1924年10月停运。在第二次世界大战以后，随着科学技术的进步，跨座式单轨铁路技术才受到各方重视，逐渐完善和成熟起来。1952年，德国工业家Axellenard Wenner Gren在德国科隆附近的菲林根建造了一条单轨线进行试验研究。经过反复试验，于1958年得出这样的结论：采用跨座式、混凝土轨道和橡胶充气轮胎能达到最好的效果。这就是目前所称的ALWEG型跨座式单轨铁路。后来美国、日本和意大利等许多国家都修建了这种形式的单轨，其中尤以日本建成的线路最多。20 世纪 60 年代初期，日本的工程师将改良后的ALWEG型跨座式单轨铁路用做游乐园、动物园的游览车。1964 年，东京修建的从市中心到羽田机场的单轨线，开始把跨座式单轨铁路作为城市公共交通的运输工具。羽田线成为旅客出入羽田机场的重要通道，在东京城市交通中发挥着重要作用。之后，日本的大阪、北九州等城市也相继修建了跨座式单轨铁路。

世界上著名的单轨铁路

日本有 6 个城市有单轨铁路，其中东京的单轨铁路年运客量超过 1 亿人次。

◆吉隆坡单轨轨道交通（站内）

美国加州迪士尼乐园及佛罗里达州和路迪士尼世界都建有单轨列车，每年载客量超过 500 万人次。

美国拉斯维加斯于 2004 年建成连接各赌场及会议中心的单轨铁路。

马来西亚首都吉隆坡的单轨铁路主要是连接市内的主要商场。

广角镜——单轨铁道的历史

单轨交通发展的历史可以追溯到 19 世纪，世界上第一条单轨交通诞生在 1824 年的英国。其后，在爱尔兰（1888 年）和德国（1893 年）也建造了单轨交通线路。虽然后来许多国家对单轨交通进行了研究和建设，但是，由于后来城市的有轨电车和公共汽车以及小汽车等交通工具的迅速发展，再加上单轨交通的技术还不够成熟，因此此后相当长的一段时间，单轨交通未得到发展。1952 年，瑞典出生的工业家 Axel Leonart Wenner · Gren 在德国的科隆进行了自己发明的单轨交通的试验。这种方式以发明者名字的英文字头命名为

◆吉隆坡单轨轨道交通

ALWEG式，成为目前单轨交通的一种基本类型。虽然单轨交通起源于欧洲国家，但是它却在日本得到了很大的发展。1957 年 12 月，日本的第一条单轨交通线路在东京的上野动物园诞生了。

小知识——世界上在建、拟建的单轨铁路

1. 中国沈阳：正在兴建的沈阳地铁一号线东延线（跨座式单轨）旅游专线部分即东陵公园站至棋盘山风景区北端的望滨站，全长 21.95 千米。该段将主要以地面高架线路为主，采用跨座式单轨交通系统。途经沈阳世博园、棋盘山风景区，为市民旅行提供方便。

2. 中国澳门：澳门未来可能兴建岛上第一条捷运，围绕澳门本岛和凼仔，拟采用单轨铁路建造。

3. 中国香港：香港西区在 2009 年建成西港岛线地下铁路，工程拟采用单轨铁路建造，以减少造价和空间的占用。采用单轨或双轨的意见尚在讨论中。

4. 马来西亚第四大城市——乔治市将在岛上建一条单轨铁路。

城市的脉搏
——轨道交通经济

“地铁经济”是一种“轨道经济”。而“轨道经济”就像“地下钱龙”，把人流带到哪里就把财富带到哪里。地铁沿线成为城市的黄金经济线。地铁，代表着人流、代表着高昂的租金、代表着物业的升值、代表着城市未来的发展方向。很多大城市的地铁周边都构筑起一个上下数层、四通八达的地铁商业网。同时，作为现代化城市的一个重要元素，地铁也能大大提升城市品位。

◆地铁经济

轨道带动经济

地铁带来的效益是商圈效益，它不是平面效益，而是一个立体的效益。它可以充分地把黄金口岸的价值凸显出来，空间、地下，让寸土寸金的地段通过地铁得到进一步的升值。

◆巴黎地铁

以巴黎为例，1900 年开始使用地铁，至今已有近百年的历史。16 条线路纵横交错，四通八达，可以将你送抵巴黎市区的任何一个角落。巴黎地铁分成两个系统：运行的范围在二环之内的叫做 Metro，这个系统一共有 14 条线路，即 M1 到 M14；运行的范围超出二环的叫做 RER，又称深层快线地铁，它将巴黎与周围的远郊连成一体。RER 共有 5 条线，用字母表示，就是 RER—A、B、C、D、E。

◆巴黎地铁车站

目前，巴黎地铁已建成 380 个车站，全线总长 211 千米，将整个城市紧紧连在一起，每天运载乘客超过 600 万人次，全年达 11.6 亿人次，地铁每年运行历程高达 4000 万千米。

巴黎地铁之发达堪称世界之最，百年来孕育了独特的地铁经济和地铁文化。巴黎的地铁不仅有运输功能，它还犹如一个“地下超市”。巴黎地铁站中设有商店八百余家，饮食店、书店、服装店、照相馆以及免费报纸供应处应有尽有，还有数以千计的各类自动售货机。巴黎独立运输公司专门成立一家地铁营销公司，专职负责地铁商业点管理。2002年，“地下经济”让该公司净赚1300万欧元。

◆巴黎地铁标志

巴黎地铁管理者认为，地铁里的商店非但不会成为安全隐患，反而对保障安全有帮助。因为店铺的营业员非常熟悉地形，关键时刻会协同治安或消防员疏导民众。问题的关键是为经营活动选择合适场所并实施科学管理，而不是禁止。该公司还计划继续扩展商业网点，让地铁真正成为巴黎的一个经济增长点。地铁管理者还认为，公司虽然在“地铁经济”中获利，但最终目的却是让深藏地下的地铁活跃起来，让人们喜欢坐地铁，从而达到缓解地面交通的目的。地下的环境肯定比地面令人压抑，人们需要用商业气息和艺术氛围来改变这种压抑的感觉。很难想像没有便民商店和艺术家的地铁将会变成什么样。

如今，把地铁作为主要交通工具是巴黎人的一种生活方式。巴黎人在谈到一个地理位置时，总是说地铁某站。如果有个公司邀请客人去他们的办公室，或者邀请客人参加一个宴会，一般不安排汽车来迎接，只是告诉客人乘地铁怎么去，客人也绝不会据此来判断对方的热情程度。

小知识——世界上盈利的地铁

至今，地铁业已经发展了140多年，世界上大大小小几十座城市都拥有了这种便捷的轨道交通。但是透过地铁表面的豪华和飞快的速度却有一个不争的事实摆在眼前，那就是，几乎所有的地铁运营商都在赔本赚吆喝，大多数地铁运营公司从建设到运营都是由政府投资与补贴维持着，但是在这些终年亏损地铁运营公司中，却有一家奇迹般地闯出了一片新天地，成为世界上轨道交通建设运营方面屈指可数的盈利公司之一，这就是香港地铁。那么让我们简单了解一下香港地铁的盈利之道。

◆香港地铁

香港地铁巧妙地与房地产企业相结合，走了一条与巴黎地铁不同的道路。30年前香港政府成立地铁公司的时候，尽管股权100%是归政府所有，但香港政府并不想因此而花费太多，于是独创了这个经营模式。后来政府将地铁公司的股权进一步私有化，吸引投资。到2000年在H股上市时，香港地铁公司有77%的股权由政府所有，其他的都是私人股东。“地铁+房地产”的经营模式也显示了香港地铁公司的双重身份。作为城市公共服务的一部分，香港地铁公司必须做好地铁服务，接受政府相关部门的检查监督，为香港提供一个国际一流的交通环境；作为一家上市公司，香港地铁必须创造商业价值，为股东带来最大的利益。这就是香港地铁的盈利之道。

山外青山楼外楼

——轨道交通万花筒

既然城市轨道交通是城市的一个展示窗口，那么不同城市的轨道交通会展示它们各自特有的文化及魅力。让我们一起去感受它们的迷人风采吧！

城市让生活更美好——上海

◆上海世博会中国馆

早在1958年，上海市就开始地铁建设的前期准备。当时，苏联专家断言上海是软土地层，含水量多，因此不宜建设隧道工程。1963年上海地铁人在浦东塘桥采用结构法用钢筋混凝土管片衬内试挖了直径4.2米的隧道，用于验证粉沙性土质和淤混质黏土质中建设隧道的可行性；1964年在衡山公园附近又开挖了代号为“60工程”的地铁试验工程。因内径偏小不能行驶大型车辆而以失败告终。那么，现在上海的地铁到底是怎样建成的呢？

◆上海地铁标志

上海地铁

◆上海地铁一号线人民广场站

1956年，上海市领导根据中共中央关于防止帝国主义突然袭击的指示，提出建造地下铁道。当年8月23日，市人委市政建设交通办公室编制的《上海市地下铁道初步规划（草案）》，提出上海建造地下铁道，主要是出于战备考虑。地铁，平时提供城市必要交通，战时可提供大容量的民防掩体或作部队调动与人口疏散

◆上海轨道交通四号线列车

的运输设施。1989 年 5 月，中德双方正式签署了 4.6 亿马克的地铁专项贷款协议书；1990 年 3 月 7 日国务院正式批准，上海地下铁道工程新龙华站（今上海南站）至上海新客站（今上海火车站）开工兴建。经过地铁工程建设者不懈的努力，上海轨道交通一号线终于在 1995 年 4 月 10 日全线（上海火车站一锦江乐园站）建成

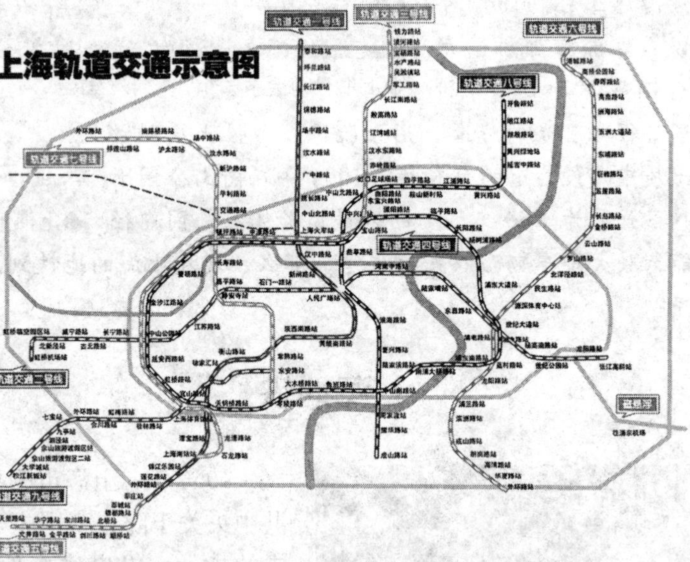

◆上海地铁线路图

通车。

由于上海拥有雄厚的经济基础，因此自第一条地铁建成以来上海的轨道交通一直处于很快的发展状态。截至 2010 年 4 月，随着轨道交通十号线的首班车从南京东路站发车，上海已经拥有总长 424 千米、11 条线的地铁，日均客流量 478 万人次，最高日客流量 568 万人次，一跃进入网络化运营新时代，并成为中国首个地铁运营里程超过 400 千米的城市。浦东、

闵行、嘉定、宝山、松江、青浦等市郊地区都通车了。上海地铁网络中的11条地铁线共282座车站，其中四线换乘站1座，三线换乘站7座，两线换乘站32座，网络中的4号线是环线，与全网络各条线路几乎都可换乘。

上海地铁存在的问题

但是过快的发展过程中也暴露出一些不足，轨道交通6号线、轨道交通8号线、轨道交通5号线选用较小型的车辆。特别是轨道交通8号线经过人口上百万的杨浦地区，使用载客量少的车辆必然造成乘客拥挤、滞留车站等很大的营运难度。

轨道交通4号线塌方引起的地面沉降过快也造成一系列施工问题，反映出当初建设者缺乏施工安全风险管理意识及经验。2003年7月1日，轨道交通4号线建设中在浦西董家渡路附近发生严重责任事故，采用冷冻法施工中在制冷设备故障的情况下没有及时采取对应措施，为了赶进度强行继续施工，结果造成大范围塌方，经济损失高达1.5亿元人民币。虽然经过抢险恢复了塌方段，已实现全线正常通车，但轨道交通4号线的建设进度也被大大推迟。这种教训给地铁建设者们敲响警钟。

2006年年底是上海轨道交通建设的一个小高潮，轨道交通2号线西延伸一期和轨道交通3号线北延伸一期完工。使西部长宁天山地区和北部宝山吴淞地区居民的出行环境有了很大的改观。同时2007年底也迎来了另一个比较大的高峰，轨道交通6号线，轨道交通8号线一期和轨道交通9号线一期同时开通，此外轨道交通4号线修复段也投入运营。上海轨道交通初步形成了网络化。

小知识——上海有自主建造的轨道车辆吗？

上海致力于自主制造城市轨道车辆。目前的车辆主要由西门子、庞巴迪、阿尔斯通、南京浦镇车辆厂、株洲电力机车厂制造。由于前几年庞巴迪公司选择了长春铁路客车厂作为合作伙伴，为了加快轨道车辆技术国有化，在上海政府牵线协调下，上海电气集团同法国阿尔斯通合资建立上海阿尔斯通交通设备有限公司，并生产和维修轨道交通5号线车辆。轨道交通8号线一期使用的28列车辆也由该公司制造。该公司计划将参与轨道交通2号线，轨道交通6号线的生产。为实现轨道车辆电气的国产化作出巨大贡献。

广角镜——上海地铁的现状

随着城市化建设步伐的加快和2010年上海世博会的召开，上海城市轨道交通建设的紧迫性也在增加。上海市不断优化轨道交通投资环境，创新投融资模式，政府大力号召外资和民营企业进入轨道交通建设领域。近年来，上海市轨道交通沿线商业开发逐渐成熟，轨道交通的集聚效应诱发大量的消费需求和投资需求，轨道交通沿线房地产开发及轨道交通枢纽商业运营都成为投资热点。

为从根本上缓解上海交通拥堵状况，确保2010年世博会交通顺畅，上海市加快轨道交通建设，建立轨道交通网络资源共享机制，建立健全轨道交通行业安全体系。依据规划，2012年上海市轨道交通运营总里程可达510千米左右，总长度居世界第一；到2020年上海将建成970千米的城市轨道交通网络。

在那樱花散落的地方——东京

◆樱花散落的东京

东京地铁可以泛指由两个单位共同营运的东京都会区地下铁系统，包含东京地下铁股份有限公司所经营的东京地下铁路线和东京都交通局所经营的都营地下铁路线。1927 年 12 月，东京成为全亚洲与全日本最早有地下铁路线开通的城市。目前东京共有 13 条路线，214 个车站，路线总长 292.2 千米，每日平均客运量将近 800 万人次，发达程度居世界前五名。

东京的地铁概况

> 全日本最早的地铁线路是1927年12月开通的银座线“上野站—浅草站”。

东京是亚洲第一个建设地铁的城市，到目前已形成较为成熟的地铁网络。作为日本地铁的代表，东京地铁非常发达，既有地下铁，也有高架铁路，“两铁”互相交错，形成了密如蜘蛛网的交通体系。东京地铁大都是浅埋的线路，一般都埋置在原有街道的下面。部分线路因从建筑物下面穿过，或与其他线路交叉，而埋设较深，郊区线路一般都建成地面线或高架线。据东京营团的线路统计，隧道部分约占 82%，高架和其他线路约占 18%。如今东京地铁包括几个 JR（日本铁路公司）、私营铁路与地下铁路线共同汇集

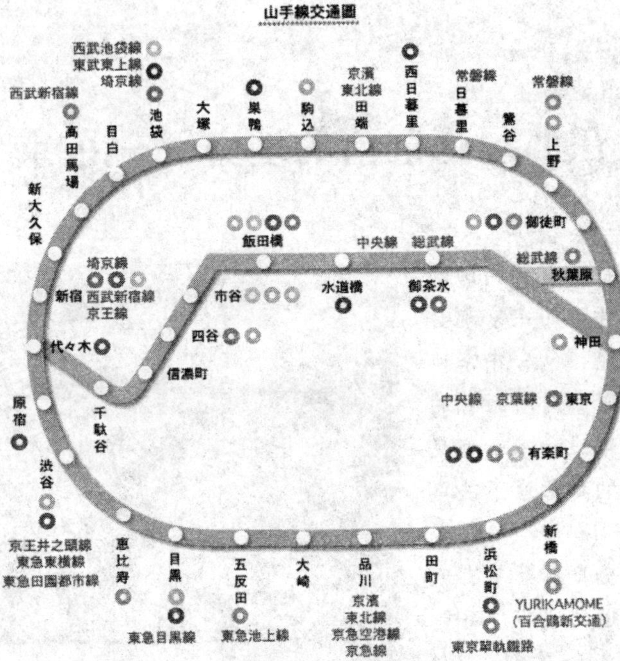

◆日本东京山手线线路运营图

的大型转运站，如池袋、新宿与涩谷。许多路线都与部分 JR（日本铁路公司）线及其他私营铁路线相互直通运转，整体服务范围涵盖东京都、神奈川县、埼玉县与千叶县。东京地下铁公司的前身为 1941 年依“帝都高速度交通营团法”成立的帝都高速度交通营团。战后，新组成的东京都政府有意废止营团，将地下铁全面收归都营。但当时的运输省（今国土交通省）认为：营团地下铁为国家出资，是具有高度公共性的事业体，且为战后复兴所需，因此应予存续。2004 年 4 月 1 日，应行政组织改革要求而正式公司化，当时以 2007 年达成完全民营化为目标。目前共经营 9 条路线。

山手线是东京通勤电车的象征，是一个封闭的环状线路。山手环状线共设 29 个车站，不仅连接了东京的主要中心区域，还衔接了各条从东京始发的放射状铁路干线、地铁线路和私铁线路。东京市内几乎所有的轨道交通线都通过山手线车站进行衔接和换乘，许多车站成为了市区交通的枢纽站。山手线的列车采用每列 11 节编组。高密度大编组的运输组织方式，使山手线的运输能力非常强大，每小时单方向可运送 9 万人。由于山手线是东京轨道交通网中各条线路的主要联络线，因此客流量在全天范围内都很大，尤其是早晚高峰期列车十分拥挤。山手线采用浅绿色作为线路标志颜色。它不仅成为东京通勤电车的象征，也成为了东京繁忙轨道交通系统的标志。

如今的东京地铁

如果问生活在东京的人经常乘坐的交通工具是什么？绝大多数人的回答是地铁。东京地铁很发达，仅次于伦敦和纽约，在世界大都市地铁中长度位居第三，但年均人流量却是世界第一，为26.6亿。可见相对于纽约和伦敦来说，东京地铁使用率更高。

东京地铁是世界上最拥挤的地铁之一。最拥挤的时间是早上，从6点起，地铁便开始拥挤。乘客虽多，但大家都自觉排成长队，车来了，按顺序上车，到了车上尽量往里面站。有时，车厢里挤得像沙丁鱼罐头似的动弹不得，但下车时，只要说声“对不起”，其他人都自觉让路，秩序井然，挤而不乱。其他时间则相对比较宽松，深夜末班车上，一节车厢只有几个人的情景不难看到。东京地铁很方便，东京23个区，共有224个地铁车站，平均2.76千米就设有一个车站。

◆拥挤的东京地铁

◆空旷的午夜班车

小知识——东京的地铁

◆快捷舒适的东京地铁站

东京地铁的售票服务也非常便捷。每个车站都有一排自动售票机，可以临时买票，也可以买月票。每个车站地铁线路图上都标有票价。如果没买够也没关系，车站在出站口都有“清算机”。把票投到机器里，机器显示屏会告诉你差多少钱，把差的钱投入清算机，机器会吐出清算券，凭此券可以顺利出站。从1927年开通第一条地铁线路以来，除了沙林毒气事件外，很少发生安全事故。日本地铁列车内所有设备都用耐燃材料制造，一般不会发生火灾。在韩国地铁发生火灾后，日本又加强了防灾措施，使地铁更加安全。

以人为本是东京地铁设计的宗旨。从进站起到上车，都有盲道，每个车站都有残疾人专用电梯，乘坐地铁不要上下爬楼梯。东京地铁很方便，繁华地区车站相对要多，偏僻的地方要少一些，但也能做到“疏而不漏”。远的地方到地铁站步行要10分钟左右。在每个地铁站都有交通时刻表，上面写着车几点几分到站。上下班高峰时，5分钟一趟，其他时间间隔10分钟甚至更长时间。东京地铁很准时，因此在东京上班和参加会议一般都坐地铁。东京地铁员工一共1.3万多人，团地铁职工为9669人，都营地铁为3895人。

历史——东京地铁沙林毒气事件

◆东京地铁沙林毒气事件现场

1995年3月20日晨，日本首都东京市区3条地铁电车内发生被施放神经性毒气“沙林”事件，造成10余人死亡，5000多人中毒进医院治疗。

这起日本历史上严重的恐怖事件使日本政府受到震动。首相村山当天召开紧急会议讨论对策，内阁官房长官五十岚指责这是一次“有组织、有预谋的滥杀无辜的谋杀行动”，警方动员了300名侦探上街，展开大规模的搜寻破案线索工作。22日和23日，大批警察搜查了怀疑同地铁毒气事件有关的奥姆真理教在全国的设施和住宅。

天使之城
——洛杉矶的轨道交通（一）

◆洛杉矶地铁进站

坐落在美国西海岸加利福尼亚州南部的洛杉矶是仅次于纽约的美国第二大城市，洛杉矶以其旖旎的风光、大都市的气派，集繁华与宁馨于一身，是美国西海岸边一座风景秀丽、璀璨夺目的海滨城市。在这座城市里有 3 条城市轨道交通线，它们是蓝线、红线和绿线；2 条城市轻轨线，是金线。

洛杉矶的轨道交通

洛杉矶早期重点发展城市有轨电车，但随着汽车工业的发展，外加一些政治与商业的因素，洛杉矶于 1963 年停运了所有市内有轨电车线路，而重点发展建设四通八达的高速公路系统。最近几十年，因为能源危机、空气污染以及高速公路发展趋于饱和等缘故，洛杉矶不得

◆简洁明了的站台布置

不重新考虑发展轨道交通。

洛杉矶近几年建设的公共交通网已日趋成熟，居民们也逐渐接受洛杉矶的轨道交通系统。城市轨道交通系统、通勤铁路系统、轨道交通与巴士整合形成新的公共交通网络三个方面是洛杉矶的公共交通系统的特色。

四条主要的城市轨道交通线路

在20世纪80年代，洛杉矶当地政府决定发展以轨道交通为基础的公共交通，建成一个地铁和轻轨线路网络。第一期工程建设一条95千米长的地铁线路（捷运红线）和两条轻轨线（捷运蓝线及捷运绿线），另有两条轻轨线分别已于2003年和2007年开通。当捷运金线（轻轨线）于2003年开通后，洛杉矶市内轨道交通网络线路总长已达117千米。

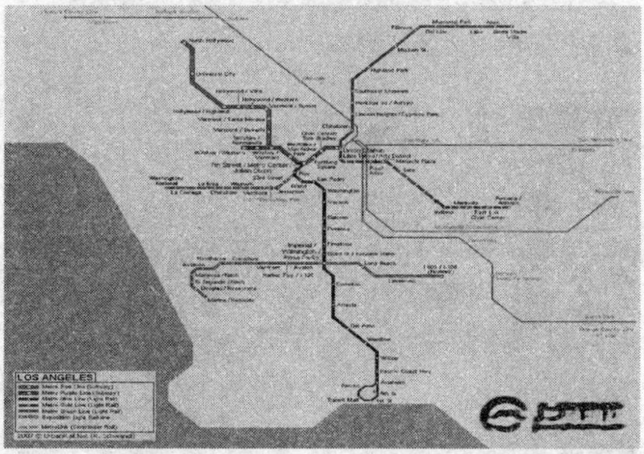

◆洛杉矶轨道交通线路图

◆洛杉矶捷运红线的地铁车站

捷运蓝线工程于1985年正式开工。它从洛杉矶市的市中心出发，然后沿着一条自1963年起被弃用的市内有轨电车线路向南延伸30千米直至长滩。捷运蓝线在其南端终点处穿越长滩镇的镇中心环线运营，该镇的镇中心毗邻海滨区和长滩港（玛丽皇后号大邮轮景点）。捷运蓝线的北端终点站至第七大街地铁中心（地下站）于1991年建成通车，并能与捷运红线换乘。捷运蓝线全长35千米，共设22个车站，并设有高站台，可让乘客方便换乘

◆洛杉矶的捷运蓝线列车

◆洛杉矶捷运绿线的列车

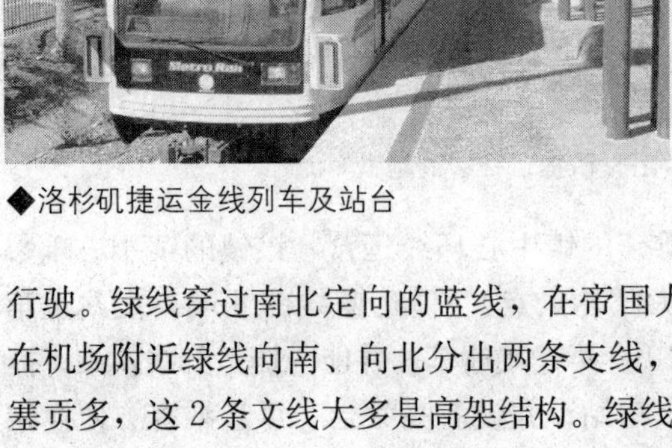
◆洛杉矶捷运金线列车及站台

轻轨列车。整条线路的运行时间为53分钟。

捷运红线是洛杉矶市唯一的一条地铁线路。经过7年的工程建设，捷运红线的首段线路于1993年1月30日开通运营，它连接了洛杉矶市中心的联合车站及麦克阿瑟公园站。1996年，捷运红线往西延伸至韩国城威尔榭/惠蒂尔大道。1999年捷运红线至好莱坞与藤街站的支线投入运营，并在2000年，捷运红线抵达了其北部终点站——北好莱坞站。捷运红线现总长28千米，每个车站的设计都独具匠心，当然这也使车站的设计费用尤为昂贵。由于城市的地理位置因素，所建的地铁隧道必须能抵抗7.5级的地震。

1995年，东西走向的捷运绿线正式开通运营，线路主要沿着I－105高速公路（世纪高速公路）的中间分隔带布置。绿线32千米中的26.6千米与105号州际快速国道的中间段部位同一走向行驶。绿线穿过南北定向的蓝线，在帝国大道和威尔明顿大道之间相交。在机场附近绿线向南、向北分出两条支线，一支通向机场，另一支到埃尔塞贡多，这2条文线大多是高架结构。绿线全线共有16个车站，提供的汽车停车场能容纳7300多辆车。

另一条位于洛杉矶北部的轻轨线路——捷运金线于2003年7月开通，线路起自联合车站站终至帕萨迪纳站。这条线路全长约22千米，共设的13个车站是沿着连接洛杉矶和克莱蒙特的一条老铁路线布置。

知识窗

洛杉矶市濒临浩瀚的太平洋

洛杉矶东侧的圣佩德罗湾和圣莫尼卡湾沿岸，背靠圣加布里埃尔山，总人口约400万，面积1200多平方千米。洛杉矶市处于大洛杉矶地区（大洛杉矶地区包括洛杉矶县和奥兰治、文图拉两县的一部分，以及贝弗利希尔斯、帕萨迪纳、长滩等80余个大小城镇，总面积10567平方千米）的中心地区，整个大洛杉矶地区拥有超过1400万的人口。值得一提的是，洛杉矶曾分别于1932年和1984年主办过两次夏季奥运会，是美国唯一曾举办过两次奥运会的城市。

天使之城
——洛杉矶的轨道交通（二）

洛杉矶的轨道交通

城市轨道交通系统扩建计划

捷运金线将从联合车站开始向西延伸，途径 12 个站。这条 14.48 千米长的线路还包括一段 3.22 千米长的地下隧道区间，并在该区间设 2 个地下车站。这两条延伸线路都于 2009 年竣工。北延伸线路最终将会延伸到蒙特克莱尔。

洛杉矶大都会交通局批准了世博会线的建设项目，这条线将连接洛杉矶市中心与科佛市，线路起自洛杉矶市中心的西部，约 14.48 千米长。该工程已于 2006 年开建，于 2010 年竣工。

另外，在研究、分析了相关地区的隧道施工情况后，将沿着威尔榭大道建造捷运红线（地铁）的延伸线，并一直延伸到太平洋海岸。

通勤铁路系统

在洛杉矶还有一个通勤铁路系统。这个连接大洛杉矶地区六个县的铁路系统共有 7 条路线，为想要游览洛杉矶的旅客提供了另一个方便的选择。铁路系统的中央枢纽为洛杉矶市中心的联合车站，沿线还连接洛杉矶县的捷运系统，直达洛杉矶国际机场。铁路系统包括经过迪士尼乐园（阿纳海姆站）的橙县线和经过魔旗山的伯班克国内机场。

轨道交通与巴士整合后的公共交通网络

洛杉矶是个大都市，它的核心城市洛杉矶市除了市中心以外，有 10 个

左右的次中心。而在洛杉矶市的外围，有16个人口在10万人以上的卫星城和29个人口在5万人与10万人之间卫星城。整个大洛杉矶地区的东西向和南北向的地理跨度都在100千米以上，是一个低密度、多中心、水平方向拓展的城市，这为城市公共交通的发展带来了困难。

洛杉矶在1990年曾经雄心勃勃，试图全力发展地铁，计划在20年内建成300千米长的地铁系统，但是，这种不切实际的规划遭到了学术界和公众的强烈批评。首先，地铁的造价很高，每千米需要1.2亿美元。300千米的地铁将给政府带来极大的财政压力。其次，洛杉矶人口分散，客流量很难满足设计需求。即便是目前运行的红线地铁，连接市中心、好莱坞等一些繁华区域，乘客也不算多，车票总收入仅占地铁运营成本的20%。另一方面，快速公共交通每千米的造价才一千多万美元，不到地铁造价的十分之一。最终，洛杉矶市政府放弃了原先的地铁方案，而利用有限的资金、根据城市的实际情况制订出了最佳的公共交通方案。

现在，洛杉矶已经构成了一个相当完善的公交网络。骨干是红线地铁和绿线和蓝线地铁及两条轻轨，总长95千米，辅以20多条快速公交通道。其中一条始发于地铁红线北端终点站北好莱坞站的快速专用巴士线于2005年10月29日开通运营。该线长22千米，设13个车站，后经升级后更名为大都会橙县专用巴士线。

洛杉矶值得参考的经验

洛杉矶公共交通系统的建设与发展至少在以下方面给了我们深刻的启示：

只有在确实有必要的情况下，才可上马地铁和其他轨道交通项目。一般可以先从改善现有公共汽车交通系统着手，大力发展快速公共道路交通系统。在此基础上，再考虑建造轻轨和地铁交通的可能性和必要性。一个完整的交通系统必须考虑多种交通方式的平衡和系统内部各交通方式的衔接。

艺术家的天堂——斯德哥尔摩

◆北方威尼斯——斯德哥尔摩

斯德哥尔摩是瑞典的首都，也是瑞典第一大城市。瑞典国家政府、国会以及皇室的官方宫殿都设在此地。斯德哥尔摩位于瑞典的东海岸，濒波罗的海的梅拉伦湖入海处。斯德哥尔摩风景秀丽，是著名的旅游胜地。斯德哥尔摩市区分布在 14 座岛屿和一个半岛上，70 余座桥梁将这些岛屿联为一体，因此享有“北方威尼斯”的美誉。斯德哥尔摩市区为大斯德哥尔摩的一部分。从 13 世纪起，斯德哥尔摩就已经成为瑞典的政治、文化、经济和交通中心。斯德哥尔摩是阿尔弗雷德·诺贝尔的故乡。

◆斯德哥尔摩地铁标志

斯德哥尔摩的艺术地铁

斯德哥尔摩在北欧三国中是岛屿最多的城市。算上郊区的岛屿，共有 24000 个岛屿，被称为“北方威尼斯”。

◆斯德哥尔摩的艺术地铁

瑞典斯德哥尔摩的地铁系统有三条主要线路，100 个车站，其中地下站有 47 个，地面地上站有 53 个。最早的地铁始建于

1950年，斯德哥尔摩地铁以车站的装饰闻名，号称世界上最长的艺术长廊。

20世纪80年代中期以来，斯德哥尔摩地铁饱受涂鸦的困扰，有的列车不得不在被涂鸦后的状态下持续运营数周，有的车站上的涂鸦几个月甚至几年都不能清除。但是现在，列车如果被涂鸦后会马上停止运行，车站的涂鸦也会在数日之内得以清除。期间耗费在清理这些涂鸦上的费用高达1亿瑞典克朗以上。

斯德哥尔摩市的地铁每个站看上去都像是地下的岩洞，墙壁被装修成石灰岩的样子，凹凸不平。每站的岩洞都涂以不同的颜色，Akalla站颜色比较朴素，而T—Centralen站则是鲜艳的深蓝色，洞顶则涂抹着各种延展开来的图形，像是植被又像是骨架，所有的这些跟地铁蓝色的门，黄色的车内扶手相互映衬，眼前呈现出一片色彩的盛宴。

◆斯德哥尔摩的地铁站很有特色

◆斯德哥尔摩的地铁站装饰

◆斯德哥尔摩的地铁内部

展望——中国人将接管斯德哥尔摩地铁

2009年1月21日有消息报道，港铁公司MTR成功击败另外5个对手（法国Veolia Transport、德国柏林S－Bahn和瑞典Tagkompaniet等公司），获得斯德哥尔摩地铁的专营权至少8年，期满后可优先续约6年。

斯德哥尔摩地铁的专营权包括，营运列车及车站和列车维修。在列车维修及清洁方面，港铁公司会委托挪威首屈一指的列车维修公司Mantena负责进行。营运期间的工作包括，更换其中一条地铁线的信号系统及引入新列车。专营权总值港币200亿港元，包括运作8年的所有营运、维修、员工开支及港铁预计的利润。

◆斯德哥尔摩神奇的地铁空间

港铁的经营权从2009年11月2日开始，拥有该地铁线的SL公司（斯德哥尔摩公共交通运输公司）每年会给港铁24.65亿瑞典克朗，如果列车运营准时，乘客满意度、清洁等各项指标达到了标准，每年将有额外的1.45亿瑞典克朗奖励金。

根据SL公司网站的描述，港铁要负责交通安排、维修、清理积雪等，而SL公司仍会负责铁路及车站设施。SL公司称赞港铁的管理、顾客服务，尤其是清理涂鸦表现出色。现有的3000名员工，届时会转到港铁旗下工作。

虽说这个消息是很令人振奋的，毕竟是中国的公司走出国门走向世界的一次重大行动，但港铁想在瑞典取得成功也不是轻而易举的事。

据有关资料显示，斯德哥尔摩地铁系统在 2007 年的运营成本大约是 25 亿港币，现在要比 2007 年的物价升高一些，在这样的情况下，每年约 23 亿在保证服务质量的前提下，还要产生利润实在是很有难度。在车辆维护保养方面，瑞典是一个很重视安全的国家，港铁恐怕不能降低养护的标准。在人员薪资方面，同样很难获得更多的压缩空间，因为瑞典是一个高福利并且高标准保护人权的国度，届时在这方面如果有很大动作，各种工会和相关政府部门的阻力也会很大。

金融之都——纽约

◆纽约地铁站的票务闸机

建于 1904 年的纽约地铁是世界上最长的地铁，也是市内最便捷的交通方式。纽约地铁连接着曼哈顿、昆斯、布鲁克林、布朗克斯四个区。纽约地铁是美国纽约市的快速大众交通系统，是世界上最错综复杂而且历史悠久的公共地下铁路系统之一，同时也被认为是世界上最为臭名昭著的地下场所——管理混乱、鱼龙混杂、卫生状况糟糕。

纽约地铁的历史

从 1904 年到现在的一百多年里，纽约地铁的管理权有过几次更迭。最初的时候，纽约地铁由纽约市政府出租给布鲁克林·曼哈顿运输公司和跨区捷运公司两个公司管理。

第一条真正由市政府管理的线路名为独立地铁系统，该线路于 1932 年开始营运。这条线路开通的目的是为了引入竞争机制，同时更好地改进整个地铁系统。

1940 年纽约市政府收购了以上两个私营公司，开始了地铁系统的整合。经过整合，原来的独立地铁系统和布鲁克林·曼哈顿运输公司的地铁被合并为新的 B 区地铁，而跨区捷运公司的地铁因为隧道过窄而不能兼容前两者的地铁，被单独列为 A 区地铁；这一分类一直沿用到了现在。1953

年，纽约市成立了交通管理局，接管纽约地铁，并于1968年把地铁移交给市立交通机构管理。

纽约地铁分类

纽约的地铁分1、2、3、4、5、6、7、9、A、B、C、D、E、F、G、J、L、M、N、Q、R、S、V、W、Z等线，还有快车及慢车之分。到了高峰时间，还有些站不停。

◆高峰时段的纽约地铁

纽约地铁看来很复杂，其实不然。简单说来，纽约人将地铁分成三大系统：

1. 跨区捷运
2. 独立地铁系统
3. 布鲁克林·曼哈顿地铁

跨区捷运线由于规格上和独立地铁系统以及布·曼地铁不同，所以无法与独立地铁系统或布鲁克林·曼哈顿地铁相连，而事实上独立地铁系统与布·曼地铁早已相通，因此在路线上跨区捷运是以数字表示，独立地铁系统与布·曼地铁系统则是以英文大写字母来表示。

运营组织

纽约地铁有快车和区间车两种。快车全日营运，只停大站；区间车则每站都停。上车后若有广播要注意收听，因为有时候班车会作调整，中途两车种会有互换的情形，尤其是在进出曼哈顿地区时最常见。

不同于常规的双线，纽约市的地铁主干线采用四线，有两条线是给快车行驶，另两条线则是给慢车行驶。当纽约第一条地铁线路于开始兴建时，就确立了要建四线的原则，这可是一项有远见的设计，高峰时间，地铁可以运送大量的乘客，纽约地铁主要干线也都是以四线为主。

◆纽约繁忙的地铁车站

在客流密集区，会有两条乃至七八条线路交汇重合。为了满足不同人的需要，重合线路区段设置了慢车和快车线。快车停靠站点少，因此速度快，长的一个区间可以达到二三千米。纽约的地铁站有快慢线的换乘站，换乘站往往有上下几层站台，非换乘站的同一层站台四股道并行，快车从中间两股道疾驶而过，慢车则经由两侧慢线靠站，快慢车各行其道，不存在慢车让快车的问题。有时同一车站四车交汇，其阵式宛如地面上的火车站，十分壮观。

纽约地铁高峰期 3 至 5 分钟一趟，白天非高峰期 10 至 12 分钟一趟，夜间 12 点至凌晨 5 点之间每 20 分钟发一趟车；并且在某些线路上设立专门快车，大站停、小站不停，从而大大方便了急于抵达目的地的乘客。目前纽约地铁全线 1062 千米，468 个车站的连续搭乘纪录是 24 小时 54 分 3 秒。即买一张两美元的票，在所有车站都上下一次，至少需要将近 25 小时。

尽管由于古老和陈旧，纽约的地铁站都显得肮脏、破旧和灰暗，但这丝毫掩饰不住纽约的魅力、活力与吸引力。“9·11 事件”似乎也丝毫没有降低人们对纽约的热情，纽约每天 24 小时都是熙熙攘攘的，好像永远没有安静的时候。夜晚的时代广场格外流光溢彩，只有深夜的地铁里才有那些颇显疲惫的乘客。

小知识——纽约的地铁

纽约地铁在 20 世纪七八十年代曾成为“犯罪的温床”。歹徒经常出没在地铁四周，一年内发生的抢劫案竟达 2 万起。为了防止犯罪，纽约警察局每节车厢派一名警察，每列车安排一条警犬。

为了安全，地铁部门在地铁站设立了黄色标志候车区，建议乘客非高峰时间在黄色标志区内等车，这样可以使工作人员通过监视器看到乘客等车的情景，防止犯罪分子抢劫。

大多数地铁入口处都有一颗圆球。如果圆球为绿色，就表示该入口24小时均有人员服务。红色的圆球表示该入口关闭或夜间关闭或有其他限制。如果你看到圆球，请仔细阅读阶梯上方所张贴的提示语，但有些小站或在上城或在下城本身范围内的车站无此提示语，这时就需要进入月台内再注意查看提示语了。

历史趣闻——纽约的第一条地铁

◆比奇和他的地铁

纽约市第一条现代意义上的地铁是1904年10月通车的。其实，早在1870年2月间，纽约市民也曾坐过一条名副其实的地铁。

天才发明家的设计

这条地铁是一位名叫艾尔弗瑞特·依莱·比奇的人的杰作。他原是专利权律师，他一直计划以建地铁的办法来解决纽约市在19世纪中期就已经失控的交通问题。比奇设计地铁时还没有燃烧汽油和电力的马达，因此他用风力来作推动列车的动力。他先用木夹板做一个直径约1.8米的管道，又设计了一个可以运载10名乘客的列车，再用一架直径约3米的风扇来吹动列车。这股风就将轨道上的列车推动到木夹板管道的尽头，然后将风扇旋转的方向反过来，就像用麦管吸汽水一样，将列车抽回到原点。比奇在1876年纽约市的一个博览会上将他的风力管道地铁模型展出，赢得了全场的鼓掌欢呼。

像贼一样施工

有一个名叫威廉·马西·特维伊德的政客，他是19世纪中叶纽约政坛的一大恶霸，任何计划不经他点头，不分给他一部分利益，就别想实施。比奇知道“大老板”威廉控制下的市政府不会让他建地铁，而没有政府的特许，他的地铁无法建造。于是，他根本不理“大老板”和市政府，自己掏腰包偷偷地建造。他先租了百老汇和莫瑞街拐角的一家服装店的地下室，又雇了一批人，由他21岁的儿子负责监工，就真的开始偷偷摸摸地挖地了。

这批“地下工作人员”天一黑就偷偷地溜进地下室，偷偷地一铲一锄地挖，偷偷地将一包包泥土沙石趁天亮之前运走，又偷偷地运进木材、砖头、铁轨等器材。

这样像贼一样，偷偷摸摸地工作了整整58个晚上。

候车室里摆钢琴

据比奇个人的估计，这项工程花费了他35万美金，但其中可观的一部分不是用在列车或管道本身，而是消耗在地下车站上。比奇很懂得一般人的心理，这样一个新玩意儿，尽管有效率，还不足以消除大众的疑惑。于是他设计了一个既温暖舒适又富丽堂皇的车站来安抚要走入地下候车的乘客。他还挂了油画，又摆了一架钢琴，还造了一个喷水池，甚至还放了一个巨型鱼缸。1870年2月26日，比奇邀请了各界名流、新闻记者、一般市民，举行了正式通车典礼。全纽约都愣住了。比奇看到市民的反应如此热烈，便宣布了他的计划：先以一个公共交通法案授权给他建造，再私人募资500万美元，再造一条约8千米的地铁，以每分钟1.6千米的速度每天运载20万名乘客。“大老板”特维伊德又惊又怒，又有点忧虑：当时纽约市每一辆公共马车他都抽头。一旦比奇搞出这样一个大众公共交通工具，那他在马车收入上的损失可就大了。于是，在纽约州的众、参议员都以绝大多数票通过了比奇的公共交通法案之后，特维伊德也提出了一个法案，由政府出资8000万美元，建造数条高架铁路。这个法案也获得通过。然后，由傀儡州长否决比奇的法案，批准特维伊德的法案。比奇不服，可是又以同样的方式失败。这场政治战打了两年，直到1872年，特维伊德整个集团垮台，可这时的比奇已筋疲力尽。大众对这个地下风力管道的好奇心已逐渐消失，而且搞工程的人也说风力或气压无法操作一个约8千米长的地下管道，于是比奇只好将他一手搞起来的纽约第一条地下铁道封闭起来。

现代工业的起源——伦敦

伦敦地铁是世界上第一条地下铁道，总长超过400千米。它是1856年开始修建的，铁道长约7.6千米，隧道横断面高5.18米、宽8.69米，为单拱形砖砌结构。1863年1月10日正式投入运营。该地铁当时是以蒸汽机车牵引列车。1890年伦敦又建成一条地下铁道，铁道长5.2千米，隧道为圆形，内径3.10～3.20米，铸铁管片衬砌。该线用电力机车牵引列车，为世界上第一条电气化地铁。现在英国伦敦地铁列车通过第三轨供直流电，电压为600伏。列车运行速度每小时约32千米，最大时速达96千米。1971年开始伦敦地铁在维多利亚线区应用遥控和计算机技术操纵列车，步入现代地铁时代。

◆1986年的伦敦地铁法林顿车站

伦敦地铁

1863年1月10日，伦敦地铁开始运营，第一天的乘客总数就达到了4万人次。按照当年7月的统计，地铁向公众开放的前6个月里，乘客数达

◆站时的伦敦地铁

◆地铁已成伦敦人生活的一部分

到477万人次，平均每天有2.65万人次乘坐。

现在，非节非年的平常日子，伦敦地铁每天的客流量约200万人次。每年的客流量大约8.5亿人次。而在上班高峰的时间里，牛津街地铁站入口处一个小时的客流量是2.25万人。而伦敦的人口其实只有700多万。

地铁是伦敦交通体系的巨大支持，但它仍然面临着各种挑战。长年以来，伦敦地铁一直投资不足。政府有意解决这个问题，但认为全面私营化不是最佳方法，而倾向于公私合营的方式。因此，在对整个地铁系统进行升级改造并进行了4年多的论证和试行后，政府分别于2002年12月和2003年4月，将地铁系统的维护和基础设施供应以30年特许经营的方式转给了3个基础设施公司，运营和票务依然由伦敦地铁公司控制。目前，英国交通部每年向伦敦地铁拨款10到11亿英镑，票务收入每年也可达10亿英镑左右，基本上能够满足地铁的运行成本。

◆整洁干净的候车站台

伦敦地铁是个庞大的交通网，线路全长365千米，共12条纵横交错的线路，275个站点，几十个交汇换乘点，有些站最多可同

◆飞驰而去的伦敦地铁列车

时运行6条线路的车辆。伦敦交通的70%由地铁承担，每小时发车90班次，每天的乘客量超过300万人次，每小时可运送乘客10万人次。

伦敦地铁票价有多种，按地区分，可分为六个区价。

按时间分，可分为一次使用票、一日使用票、周末使用票、一周使用票、一月使用票及年票。

按年龄分，可分为大人票、儿童（5岁至15岁）票。5岁以下搭乘地铁、公交车免票。

另外还有个人票、家庭票和团体票。

知识窗

伦敦地铁

London Underground直译就是“伦敦地下室”，这样的用词遣句当中有一种不言而喻的权威意味。好像是说：提到伦敦的地下，除了地铁，你还能联想到什么？

伦敦地铁在战争时期曾被用做地下掩体。二战期间，每晚平均有6万居民进入隧道，最多时达17.7万余人。

历史——伦敦地铁的历史

虽然伦敦地铁是在1863年开始正式运营的，但是从最初构思修建到最后的建成通车却经历了几十年的时间，下面就让我们追溯一下伦敦地铁的发展历程。

从1800年到1831年间，伦敦人口从不足100万上升到175万，城市中心布满了房屋，街道越发狭小不堪，高峰时间出租马车形成拥堵，交通成了伦敦的一大难题。

◆贝克街地铁站古老的站台和伦敦地铁标志

伦敦市组织了交通委员会征集改进方案，律师查尔斯·皮尔森提出了修建“伦敦中央火车站”的设想，他认为只要火车通到城市中心就可以从根本上解决交通拥堵的问题；而一群承包商提出要在伦敦修建一条地下道路的设想，他们认为人和车完全可以在地下通行。这两个想法结合起来形成了我们今天所熟悉的地铁的概念。

1861 年，在修建这条世界上谁也没见过的地下铁路之前，伦敦各大报刊对它进行了各种各样的猜测：比如地道会不会塌下来，旅客会不会被火车喷出的浓烟毒死之类。

1862 年，当地铁挖到一条小河的岸边时，河岸发生了坍塌，工地灌进了两米多深的河水。脚手架横七竖八地泡在水里，一片狼狈的场面。贝克街的地铁壁画描绘了这一场景。

1862 年，4.8 千米长，7 个停靠站的地下铁道基本完工了。蒸汽车头开进了地下，大约 40 名官员乘坐在没有顶棚的木制车厢里对地铁进行了第一次巡游。这个场面也被记录在了贝克街壁画上：车厢类似大型的煤矿运煤车，每到一站，人们脱帽欢呼，以表达喜悦之情。

从 1863 年第一条地铁正式投入运营之后，尝到地铁甜头的伦敦人就开始考虑修建第二条地铁了。同一年，工程师约翰·福勒提出伦敦地铁建设应该从直线向环线发展。4 年以后，环线地铁投入建设，1884 年完工。

1898 年，连接城市南部与金融城的地铁——滑铁卢城市线开通。

1900 年，横贯整个伦敦的中央线也完成了。这条地铁因为隧道宽大，机车和动力系统也更强大，因而更为经济。2 个便士就可以买一张票。

接下来的一战和二战中，伦敦地铁的修建被迫停了下来。人们通过地铁将妇女和孩子们向比较安全的农村和郊外疏散。

1940年后，伦敦地铁的隧道担当起了防空洞的作用，成为了战时的军事指挥中心和战时的工厂、医院以及市民的避难所。丘吉尔本人就是在一处小地铁站里继续工作的。《魂断蓝桥》里玛雅和军官罗伊躲空袭的防空工事就是伦敦地铁的滑铁卢站。沿着地铁站台伦敦人安排了床铺。老人和妇女就睡在那里。按照1940年10月28日的记载，因为供不应求，还需要买票预定这样的床位。

1948年计划的纵贯伦敦的地铁C线，也就是今天的维多利亚线，拖到1959年才真正开工，1962年完成了第一段。1969年3月7日，由女王剪彩宣布完工。但实际上，这条线路的最后一段直到1971年才修完。

1949年计划的朱必利线及其延长线完工更晚，从设计到完成用了30年，到1979年才对外运营。

小故事——伦敦地铁的安全隐患?

伦敦地铁多年前建成的部分设备老化，存在着安全隐患。1987年11月18日，国王十字站内发生大火，导致31人死亡，部分原因是站内通风排烟设备陈旧。2003年10月17日、19日，伦敦地铁在48小时内发生两起出轨事故，其中一次是铁轨生锈裂损所致。

恐怖袭击的可能也是伦敦地铁面临的另一问题。在马德里爆炸案中，恐怖分子将手机作为引信绑在炸弹上，并送上载满乘客的火车，随后在安全距离外拨打手机引爆炸弹。伦敦地铁由此停止了正在进行的信号接收站的建设。在一些交通繁忙的车站，站内不停广播，要求乘客不要将物品遗留到地铁车厢或站内的任何地方，否则就会当做可疑物立即销毁。到了重要时日，站内更是有荷枪实弹的警察防卫，提防恐怖分子的袭击。安全，危险，时尚，陈旧，乘坐一次伦敦地铁，你才能真正感受。

高速铁路篇

前有古人后有来者

——高速铁路的过去、现在和未来

不同的历史时期具有不同的科技水平和技术装备，形成了各个时期的速度标准。日本20世纪50年代开始建造世界上第一条高速铁路，于1964建成运营，次年最高速度就达到每小时210千米，是当时耀眼的明星。之后，各个国家相继开始建造高速铁路，其中比较出色的是法国和德国。高速铁路包括无碴轨道列车、气垫列车、磁悬浮列车。而我国，在1994年，完全依靠自己的力量建成的广深准高速铁路开通；1996年，京广、京沪等线开行了“夕发朝至”的快速列车。1999年开工建设的秦沈客运专线是一条以客运为主的双线电气化快速铁路，2003年开通运营，平均设计速度每小时200千米，基础设施预留提速至每小时250千米。现在，我国的高速铁路基本能够适应旅客对乘车旅行快速、安全、舒适、方便和准时可靠的需求。

◆高速铁路

新生的血液
——高速铁路的诞生

◆高速铁路

自1825年英国以蒸汽机车为动力的世界上第一条铁路诞生，一百多年来，世界各国重视铁路研究工作的专家、学者始终在为提高列车的行车速度作不懈的努力。高速铁路是一个具有国际性和时代性的概念。1996年欧盟对高速铁路的最新定义是：在新建高速专用线上运行时速至少达到250千米的铁路可称做高速铁路。发达国家和大多数发展中国家都在建高速铁路。速度是一项指标，一种资源，更是一种财富。这种发展趋势必将促使铁路进行体制改革，带来运输手段的技术创新，进一步实现铁路的重载化和高速化，进而实现铁路路网的现代化建设。

高速铁路的诞生

我国规定列车运行速度每小时超过200千米者为高速列车，如果按照这个标准，高速列车诞生一个多世纪了。早在1903年德国用电力机车牵引，试验速度已达到每小时210千米，1954年法国用电力机车牵引试验速度达到每小时243千米，1962年日本用电力机车牵引试验速度达到每小时256千米，1972年法国用内燃机车牵引试验速度达到每小时318千米。

到了20世纪90年代，法国、德国、日本用电力机车牵引试验速度每小时达到400千米以上，特别是法国1990年试验速度达到每小时515.3千米的世界最高纪录，我国也分别于1997年、1998年用电力机车牵引试验

◆日本新干线

◆日本新干线车辆

速度达到每小时 212.6 千米和 240 千米。可见，一个多世纪的岁月里，列车行车试验速度一破再破。

1964 年 10 月 1 日日本东海道新干线正式开通营业。列车运行速度达到每小时 210 千米。从东京至大阪间旅行时间由 6 小时 30 分缩短到 3 小时。这条专门用于客运的电气化、标准轨距的双线铁路代表了当时世界第一流的铁路高速技术水平，并标志着世界高速铁路由试验阶段跨入了商业运营阶段。

东海道新干线以安全、快速、准时、舒适、运输能力大、环境污染轻、节省能源和土地资源等优越性博得了政府和公众的支持和欢迎。

东海道新干线投入运营后，高速列车的客运市场占有份额迅速上升，每天平均运送旅客百万人次，年运输量达几亿人次，从而使包括东京、横滨、名古屋、大阪等大城市在内的东海道地区原本旅客运输十分紧张的状况一下得到了缓和，而且大大提高了运输服务质量，同时取得了预期的经济效益。

第一条高速铁路的问世，使一度被人们认为是“夕阳产业”的铁路出现了生机，显示出强大生命力，预示着“铁路第二个大时代“的来临。

历史——第一条高速铁路的修建

1959 年 4 月 5 日，世界上第一条真正意义上的高速铁路东海道新干线在日本破土动工。经过 5 年建设，于 1964 年 3 月全线完成铺轨，同年 7 月竣工，1964 年 10 月 1 日正式通车。东海道新干线从东京起始，途经名古屋、京都等地终至大阪，全线长 515.4 千米，运营速度高达每小时 210 千米，它的建成通车标志着世界高速铁路新纪元的到来。随后法国、意大利、德国纷纷修建高速铁路。1972 年继东海道新干线之后，日本又修建了山阳、东北和上越新干线；法国修建了东南法国高速铁路线、大西洋法国高速铁路线；意大利修建了罗马至佛罗伦萨高速铁路线。以日本为首的第一代高速铁路的建成，大力推动了沿线地区经济的均衡发展，促进了房地产、工业机械、钢铁等相关产业的发展，降低了交通运输对环境的影响程度，铁路市场份额大幅度回升，企业经济效益明显好转。

小知识——高速列车

德国、法国列车试验速度早已达到高速列车速度目标值，但高速列车首先投入商业运营的国家则是日本。这是为什么呢？

列车行驶速度要达到每小时 200 千米以上并投入商业运营，必须要求有按照一定技术条件修建的高速铁路线，同时有按高速技术标准研制的机车车辆以及建设一系列符合高速技术条件的配套设施。而列车达到的试验速度往往只是对既有线路进行改造，对机车车辆的技术性能进行改进提高，只属于试验阶段。当然这些试验是十分必要的，为日后建设高速铁路投入商业运营积累了经验。日本就是充分利用了德、法等国家高速列车试验经验，并依靠本国的技术力量，于1964年建成了世界上第一条高速铁路——东海道新干线，并研制了“0系”高速列车。

"婴儿"的成长
——高速铁路的发展

早在20世纪前期，当时火车最高速率超过时速200千米者寥寥无几，直到1964年日本的新干线系统开通，史上第一个实现营运速率高于时速200千米的高速铁路系统才诞生。高速铁路的实际应用发源于日本，自1964年10月1日世界第一条高速铁路日本的东京—大阪东海道新干线建成投入商业运营以来，世界范围内高速铁路网不断发展，高速运输技术不断进步。

◆高速铁路

◆日本高速铁路车辆

如今的高速铁路

◆高速铁路的轨道

◆日本高速铁路车辆

高速铁路是指通过改造原有线路，使其直线化、轨距标准化，营运速率达到每小时 200 千米以上，或者专门修建新的“高速新线”，使营运速率达到每小时 250 千米以上的铁路系统。

高速铁路除了在列车运行速度达到一定标准外，车辆、路轨、操作都需要配合提升。广义的高速铁路包括使用磁悬浮技术的高速轨道运输系统。

高速铁路的顾客对象多数以商务旅客为主，旅游游客次之。以法国高速铁路为例，它连接了海岸的度假区，并且在长途路线上减价以跟飞机竞争。因为高速铁路的出现，不少现在离巴黎小于一小时车程的地区开始成为通用的住宅区，很多偏远的地区亦得到较快的发展。现在西班牙及荷兰的高速铁路也在效仿法国。

日本、法国、中国及美国的高速铁路发展都是首先连接人口密集的大城市，如日本的东京至京都；法国的巴黎至里昂；中国的武汉至广州；美国的波士顿至纽约、华盛顿，这样可以减少投资，需要时亦可以将原有的线路改造后使用。

各国高速铁路的发展

日本

1959年，日本开始建造东京至大阪的高速铁路，并在1964年开通。该高速铁路全长515.4千米，时速210千米，称为东海新干线。

1970年，日本制定了《全国新干线铁路网建设法》；1972年日本运输省又规划了五条新干线：北陆新干线（东京－大阪－富山）、东北新干线延长线（盛冈－青森）、九洲新干线（博多－鹿儿岛）、长崎新干线（博多－长崎）、北海道新干线（青森－札幌）。

到了1975年，山阳新干线通车营业，列车最高时速270千米；1985年东北新干线通车营业，列车最高时速240千米；1982年上越新干线通车营业，列车最高时速240千米；1997年长野新干线通车营业，列车最高时速260千米。

法国

法国国铁从1950年开展高速铁路技术研究，1955年研制的样车试车时就创造了当时的世界最高纪录——时速331千米，使人们看到了这一技术的发展前景。

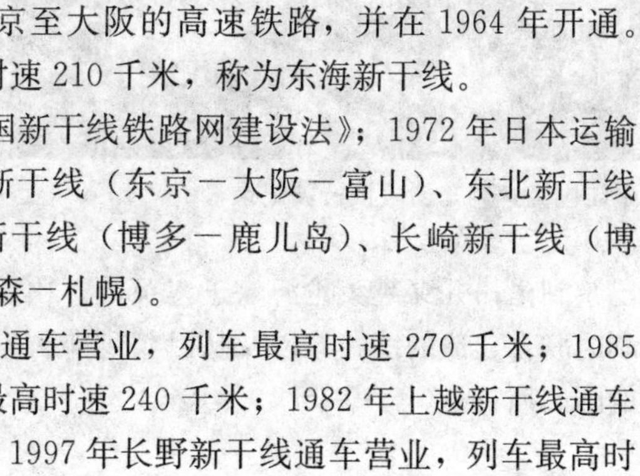

◆法国高速铁路

法国高速铁路实际运营开始于1967年，稍晚于日本，但法国国铁不断改进，使法国高速铁路的速度不断创新。1972年法国完成了编号为法国高速铁路001的原型列车，最高时速318千米。1981年，第一代法国高速铁路PSE，一列由七节车厢组成的法国高速铁路列车创下了时速380千米的新纪录。1990年，一列由两辆动车、三节车厢组成的第二代法国高速铁路列车又以515.3千米的时速刷新了世界记

◆法国高速列车创最快行驶记录

录。现在法国高速铁路成为法国人日常生活不可缺少的一部分。

法国高速铁路目前分为三部分：巴黎东南线，由巴黎至里昂运行 3 小时 50 分，时速 260 千米。大西洋线，由巴黎通往大西洋岸，时速 300 千米，载客由第一代 368 人提高到 485 人；后续线路包括从巴黎到里昂并穿越英伦海峡进入英国、由巴黎至伦敦和由法国、德国和比利时联合建造的线路，以及从巴黎到布鲁塞尔到科隆的线路，延伸至荷兰的阿姆斯特丹。

德国

◆德国高铁列车 ICE—1 型

◆德国高铁列车 ICE—3 型

德国在 1979 年试制成第一辆 ICE 机车，1982 年德国高速铁路计划开始实施。直到 1985 年德国高铁首次试车，以时速 317 千米打破德国铁路 150 年来的纪录，后来在 1988 年创造了时速 406.9 千米的记录。1990 年一台机车加 13 辆车厢的 ICE 列车开始试运行，时速为 310 千米。

1992 年德国铁路

◆德国高铁列车 ICE—350 型

以 29 亿马克购买了 60 列 ICE 列车，其中 41 列运行于第六号高速铁路，分别连接汉堡、法兰克福、斯图加特，运行时速 200 千米。德国已建成高速铁路超过 1000 多千米，到 2000 年，德国建成 11 条高速铁路。

秀出我风采
——高速铁路的优点

◆韩国高速铁路车辆 KTX

在公路、水运、铁路、管道和航空运输方式中，航空运输具有投资少、占用土地资源少、快速灵活和相对环保等特点，相对传统运输形式是一种现代化的高效率的运输方式，在中长程运输中具有明显优势。世界发达国家都把发展航空运输摆在重要位置。航空客运周转量是预测国民经济增长趋势的重要参数。

高速铁路的优势

相对航空运输，传统的铁路运输成本较低。传统的铁路客运是一种大众化的运输方式，满足在中长程运输中相对空运更为低廉运价需求的大众化的旅客，同时铁路运输在大重货物运输上也具有独特的优势。

而随着高速铁路的建设，特别是当时速达到 300 千米以上的机车投入使用后，直接挑战航空的快捷性，加之正点率上也更具优势，因此高速铁路将在它覆盖的所有地区形成与民航全面争夺商务、公务等高端旅客的态势。

适合高速铁路生存环境的其实有两条基本原则：第一是人口稠密和城市密集，而且生活水准较高，能够承受高速铁路比较昂贵的票价和多点停靠；第二是较高的社会经济和科技基础，能够保证高速轮轨系统的施工、运行与维修需要。

高速铁路是多种高新技术的系统集成，融合了交流传动技术、复合制动技术、高速转向架技术、高强轻型材料与结构技术、减阻降噪技术、密封技术、现代控制与诊断技术等一系列当代最新科技成果。

世界高速铁路的诞生和发展极大地改变了人们的时空观念，使铁路旅客运输发生了革命性变化，提高了铁路在客运市场中的竞争力。

小博士

正点率是旅客运输部门在执行运输计划时，航班、列车、客轮、客车等实际出发时间与计划出发时间的比率，是衡量承运人运输效率和运输质量的重要指标。由于民航运输相对火车、轮船和汽车运输而言，受到客观条件如天气、空中管制、机械故障等因素影响较大，所以，正点率主要用于衡量航空公司的运行效率和服务质量。

小知识

目前，全世界有高速铁路运营的国家和地区是：日本、法国、德国、英国、意大利、西班牙、韩国、比利时、丹麦、瑞典、中国大陆和中国台湾省等。

输送能力大

输送能力大是高速铁路的主要技术优势之一。各国高速铁路几乎都能满足最小行车间隔 4 分钟及其以下的要求。日本东海道新干线高峰期发车间隔为 3 分半钟，平均每小时发车达 11 列。在东京与新大阪间的两个半小时的运行路程中，开行“希望”号 1 列、只停大站的“光”号 7 列以及各站都停的“回声”号 3 列，每天通过的列车达 283 列，每列车可载客 1200～1300 人，年均输送旅客达 1.2 亿人次。品川站建成后，东京站每小时可发车 15 列。其他国家由于铁路客运量比日本要少，高速铁路日行车量一般在 100 对以内。

速度快

速度是高速铁路技术水平的最主要标志，各国都在不断提高列车的运行速度。法国、日本、德国、西班牙和意大利高速列车的最高运行时速分别达到了 300 千米、300 千米、280 千米、270 千米和 250 千米，如果作进一步改善，运行时速可以达到 350～400 千米。除最高运行速度外，旅客更关心的是旅行时间，而旅行时间是由旅行速度决定的。以北京至上海为例，在正常天气情况下，乘飞机旅行的全程时间（含市区至机场、候检等全部时间）为 5 小时左右；如果乘高速铁路的直达列车，全程旅行时间则为 5～6 小时，与飞机相当；如果乘一般的铁路列车，则需要 15～16 小时；若与高速公路比较，以上海到南京为例，沪宁高速公路 274 千米，汽车平均时速 83 千米，行车时间为 3.3 小时，加上进出沪、宁两市区一般需 1.7 小时，旅行全程时间为 5 小时，而乘高速列车，则仅需 1.2 小时。

受气候变化影响小，正点率高

高速铁路全部采用自动化控制，可以全天候运营，除非发生地震。据日本新干线风速限制的规定，装设挡风墙时，在大风情况下，高速列车要限速行驶。比如风速达到每秒 25～30 米，列车限速在每小时 160 千米；风速达到每秒 30～35 米（类似 11、12 级大风），列车限速在每小时 70 千米，无须停运。而飞机机场和高速公路等，在浓雾、暴雨和冰雪等恶劣天气情况下，则必须关闭停运。

正点率高也是高速铁路深受旅客欢迎的原因之一。由于高速铁路系统设备的可靠性和较高的运输组织水平，可以做到旅客列车极高的正点率。西班牙规定高速列车晚点超过 5 分钟就要退还旅客的全额车票费；日本规定到发超过 1 分钟就算晚点，晚点超过 2 小时就要退还旅客的加快费，1997 年东海道新干线列车平均晚点只有 0.3 分钟。高速列车极高的准时性深得旅客信赖。

方便

高速铁路一般可以每 4 分钟发出一列车，日本在旅客高峰时每 3 分半钟发出一列客车，旅客基本上可以做到随到随走，不需要候车。

能源消耗低

如果以每人每千米为能耗单位来进行比较的话，高速铁路为 1，小轿车为 5，大客车为 2，飞机则为 7。高速列车利用电力牵引，不消耗宝贵的石油等液体燃料，可利用多种形式的能源，包括再生能源。

环境影响小

当今，发达国家对新一代交通工具选择的着眼点之一是对环境影响小。发展高速铁路，可以节省大量土地，节约大量能源，尤其是可以节约宝贵的石油资源，还可以大量减少碳排放，明显优于汽车和飞机。

经济效益好

高速铁路投入运行以后，备受旅客青睐，经济效益也十分可观。日本东海道新干线开通后仅 7 年就收回了全部建设资金，自 1985 年以后，每年纯利润达 2000 亿日元。德国高速列车每年纯利润 10.7 亿马克，法国高速铁路年纯利润达 19.44 亿法郎。

祖国高速铁路的腾飞
——中国高速铁路发展史

中国人口众多、内陆深广，解决大规模人口流动问题，最安全、最快捷、最经济、最环保、最可靠的交通方式是高速铁路。中国决定把发展客运高速铁路作为实现现代化的一个主要方向，发展高速铁路可以通过较长的产业链，对建材、钢铁、机械制造、电子信息等行业产生积极的拉动作用，对提高国家整体自主创新能力和建设创新型国家具有非常重要的意义。

◆中国和谐号

中国高速铁路的发展

2003 年我国提出高速列车的引进、消化、再吸收问题。自 2004 年实施《中长期铁路网规划》以来，铁路建设开始大踏步前进。铁路部门系统安排了110项重大科研课题，开展高速铁路技术创新工作。通过大量工程

◆京津城际列车驶出北京南站

试验和实践，形成了具有世界先进水平的中国高速铁路技术标准体系和成套工程技术。2008年8月1日。京津城际客运专线开通运营，标志着我国高铁时代的到来，从此中国的铁路建设进入了史无前例的高速发展时期。围绕京津城际铁路，铁路部门侧重研究高速铁路系统设计技术和标准体系、系统兼容匹配和接口技术、系统总体联调联试技术、系统综合仿真技术、系统集成管理和质量控制技术。围绕武广铁路客运专线，铁路部门组织了重大工程科研攻关和再创新工作，开展了客运专线路基填筑技术、大跨桥梁和特长隧道修建技术、无碴轨道技术、大型客站、施工装备等科研工作。

在系统总结研究成果的基础上，铁路部门制定了100余项高速铁路建设标准规范，覆盖了工务工程、牵引供电、通信信号、系统设备、运营调度、客运服务六大系统，实现了各系统的协调衔接。

2008年4月18日，投资规模达2200亿的京沪高速铁路正式宣告开工。同年4月22日，香港特区政府宣布广深港高铁香港段2009年动工。中国正阔步迈进世界高速铁路俱乐部，一个规模庞大的“四纵四横”的国家高速铁路网已经织就。

受经济危机的影响，2008年11月，我国对《中长期铁路网规划》进

行了调整，提出进一步扩大内需十项措施。铁路基础设施建设将是重中之重，高速铁路亦将迎来大发展。根据新调整的《中国铁路中长期发展规划》，到2020年，为满足快速增长的旅客运输需求，建立省会城市及大中城市间的快速客运通道，规划“四纵四横”铁路快速客运通道以及三个城际快速客运系统，建设快速客运专线1.6万千米以上。

中国目前的高速铁路

目前，我国轨道交通装备制造业客运的主体共有三大块，分别是时速200千米以下的铁路客车、城市轨道车辆，以及时速200千米以上的动车组。已有的线路有京津城际、哈大线、武广线、郑西线、京石线、汉宜线、港深广、京沪线等。

中国高铁建设的资金是完全有保障的。主要通过以下方面来保障：一

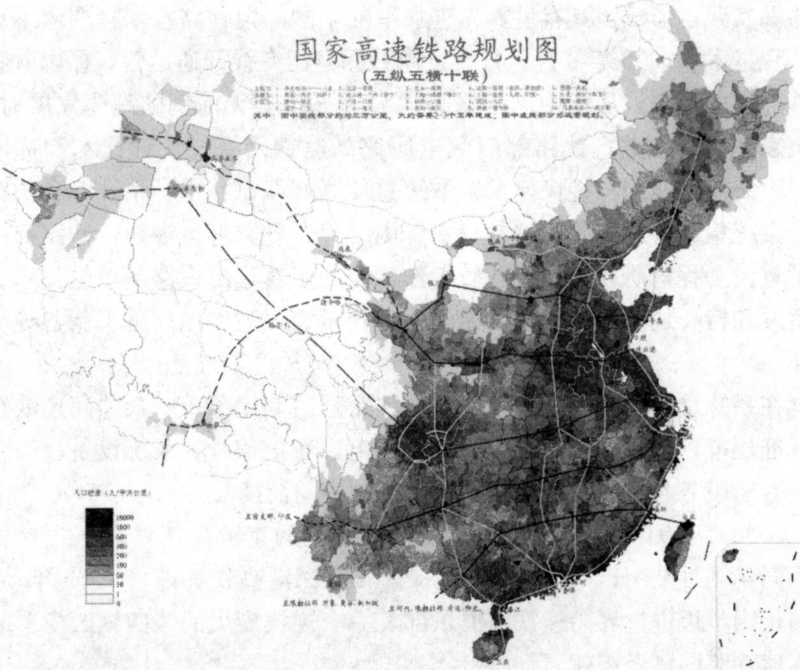

◆国家高速铁路规划图

是中央和地方政府的支持。中央政府和地方政府高度重视铁路建设，加大对铁路建设投资支持力度，铁路投资逐年增加。二是通过铁路运输企业挖潜提效，增收节支，加强管理，不断创造良好的经济效益，增加企业内部资金积累。三是积极推进铁路投融资体制改革，全面推进合资建路，推进既有铁路股份制改革，吸引大量社会资金投资铁路建设。四是充分利用资本市场，不断创新融资方式与工具，多渠道、低成本融资。例如发行铁路建设债券、中期票据，各种债权专项融资计划等多种方式筹集资金。五是加强资金管理，不断优化结构，提高运用效率，降低使用成本。

中国庞大的人口数量，城镇化水平快速提升的进程，持续平稳较快的经济发展形势，决定了高铁能够通过市场经营实现可持续的良性发展。

中国城际“第一铁”
——京津高速铁路

◆CRH3 型动车组由中国北车集团制造

京津城际高速铁路由北京南站始发，终点站为天津站，正线全长 113.54 千米，其中约 86%为高架线路，其中北京段全长 49.3 千米，高架线 42 千米。京津高速铁路是中国第一条时速 300 千米以上的城际高速铁路，是中国首条高速铁路客运专线。

“第一铁”——京津高速铁路

◆京津城际列车车厢内

京津高速铁路工程于 2005 年 7 月 4 日开工建设，总投资 133.24 亿元。2008 年 8 月 1 日（北京奥运会开幕前一周）投入运营。

京津城际轨道交通工程对中国高速铁路的建设具有示范性、样板性和标志性意义，是中国铁路发展史上的一个里程碑。

通过京津城际快速铁路工程的建造，中国真正掌握了当今世界最先进的高速铁路建设技术，为大规模建设具有世界先进水平的客运专线和高速铁路奠定了基础。

安全的京津城际

京津城际列车有一套故障导向安全控制系统，任何一个故障出现后，系统首先会判断这会不会影响安全，如果系统判断可能发生危险或系统判别不清楚时，系统会自动停止运转，车辆停止运行，决不会盲目行驶，更不会盲目高速行驶。

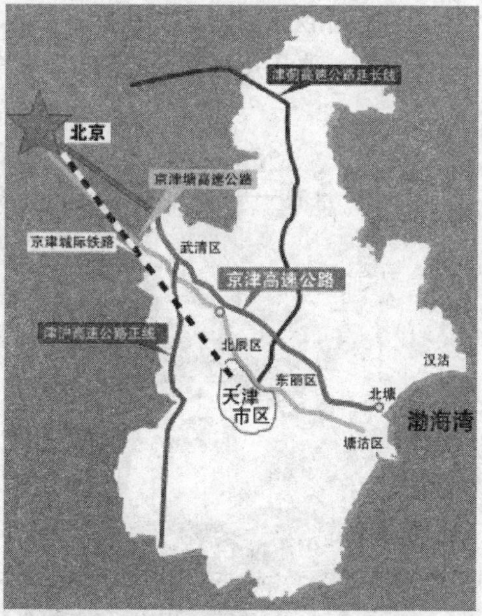

◆方便快捷的京津交通图

对于防范外来干扰方面，京津城际路轨基本采用了全线高架，实行全线视频监控，全线24小时移动式巡逻检查。此外，京津城际铁路还全线设置了风、雾、雨、雪、地震等自然灾害报警系统，当这些灾害出现时，系统会根据它们等级的不同，采取报警、限速，甚至停运的措施。

绿色的京津城际列车

高速列车的功率约8800千瓦，定员为550多人，人均15千瓦左右，即行驶一个小时大约耗费15度电，北京到天津每人只需耗费7度左右的电，由此可以看出京津高速铁路在能耗上是非常节能的。

◆行驶中的京津城际列车

京津城际列车除了零排放以外，它在高速列车和轨道技术方面也采取了综合治理，车上的污物零排放，车厢内装饰材料的阻燃性和污染度都达到了欧洲的标准。此外，在建设用地方面，由于采用高架的方式，每千米京津城际铁路的建设即可节约 3 万平方米左右的土地。

京津城际铁路的国家投资为 200 亿，其中北京的征地拆迁费用花费了近 100 个亿，真正用于建设的只有 100 个亿左右。

广角镜——京津城际铁路的意义

◆行驶中的京津城际列车

京津城际铁路的开通，毫无疑问地成为了中国铁路发展史上的一个里程碑。这其中有两个含义：其一，从技术上讲，京津城际列车的运营，表明中国铁路的成套装备跨入了世界前沿；其二，它拉开了中国高速铁路建设和运营的序幕，对中国经济社会产生了很大的影响。从外部来看，日本新干线对它的经济发展起到了催化剂的作用，我们预计，中国高速铁路对经济的影响可能比日本的更大。

京津城际铁路的先进技术

无碴轨道

京津高速铁路其中 113.5 千米路段为无碴轨道，采用了从德国博格公司引进的板式轨道技术，全线共使用了 36092 块博格式轨道板。常规铁路都是在“道碴”的基础上铺设枕木，有碴轨道会使火车在行驶时产生强大的震动，很大程度地制约了火车的行驶速度。为了确保京津城际铁路每小时 350 千米的设计时速，减少维护、降低粉尘、美化环境和保证路面平顺性能好，列车在上面行走时不颠簸，京津城际铁路采用了当今世界上最先进的德国博格板无碴轨道技术，这在我国尚属首次。

无碴轨道精度要求非常高，梁面前后左右上下一米范围内误差不能超过 2 毫米，4 米范围内误差不能超过 8 毫米，而且底座板上每隔 6.45 米就要设计一个 GRP（轨道基准点）控制点，GRP 精测和博格板精调都必须通过软件系统，好比在绣花针上刻花。

◆无碴轨道

特制钢轨

京津城际铁路在建设中铺设的钢轨都是为这项工程特制的，累计重达 27000 吨。轨道的全线铺通同样标志着特制百米钢轨首次在国产时速 350 千米的铁路上成功运用。京津城际铁路的轨道运用了世界上最先进的长钢轨焊接工艺，经过多次焊接后铺设的钢轨，没有任何连接缝隙，保证了线路的高平顺性，提高了旅客乘坐的舒适度，而且减少了钢轨与列车车轮的磨耗。

攀钢集团有限公司生产出了国内第一根百米长钢轨，成为国内第一家、世界第三家，能按照国际上最严格的质量标准生产高强度、高平直度、高表面质量的 100 米长钢轨的生产企业。在攀钢轧制出这种钢轨前，我国生产的钢轨最长只有 50 米。2005 年 12 月，时速 350 千米的百米钢轨成功问世。此次京津城际客运专线是国产时速 350 千米的百米钢轨首次正式铺设。

中国第一条长途高速铁路——武广高速铁路

◆武广高速铁路试车

武广客运专线为京广客运专线的南段，位于湖北、湖南和广东境内，于 2005 年 6 月 23 日在长沙首先开始动工，全长约 1068.8 千米，投资总额 1166 亿元。2009 年 12 月 9 日试运行成功，26 日正式运营，列车最高时速可达 394 千米。

武广高速铁路专线的特点

平稳的千人列车

武广客运专线和谐号动车组是国产的，而这些列车到底是什么样的呢？目前测试的动车组的机车头既有像日本新干线那样的子弹头，也有略短的像鲸鱼头一般的机车头。该动车组一列有 8 节车厢，可载客 1000 人左右。

◆武广岳阳站

◆武广长沙站

武广客运专线和谐号列车先期测试中，由于考虑到我国春运等乘客量较大时期的需求，测试是将两列车合并运行的。

机车之所以叫动车组，就是因为除了车头牵动，其他车厢也可以自带动力。动车组内部，车头的驾驶室就像飞机的驾驶舱，两位驾驶员前方仪表盘上仪表密布；而车厢内非常舒适，与广深线和谐号动车内部差不多，一排大多是五个座位，即：走道两边一边三个位、一边两个位，车厢也分为贵宾席、一等舱和二等舱三种，相应的票价差别也很大。动车组车厢内的座椅都可以180度旋转，一等舱还配备了液晶电视，供给的食品和飞机一样是定制熟食，用微波炉加热后就可以上餐。当然，它还有副食车在各车厢流动零售。一等舱的厕所很宽大，自动门开关，残疾人可以无障碍进出。在这种舒适的环境下，旅行时间会显得更短。

◆武广高铁路线示意图

虽然高速列车行驶速度快，但是非常平稳，在车厢内，将矿泉水瓶倒置在小桌板上都不会倒！动车组乘坐十分舒服，噪音很小，完全没有传统列车的有节奏的大声响，这是因为高铁轨道的高平顺性、高稳定性。

3小时即可到达

开通初期的G1001次列车从武汉到广州只需不到3个小时，上午9时从武汉站开出，11点57分即可到达广州北站，而乘飞机也要1个半小时左右。

日德技术的轨道

武广客运专线采用的是无碴轨道这种当今世界先进的轨道技术。其轨枕由混凝土浇灌而成，路基也不用碎石，钢轨、轨枕直接铺在混凝土基床上可以减少维护、降低粉尘、美化环境，可适应时速200千米以上的高速列车。

目前日本、德国等都有先进的轨道技术。日本的轨道为了适应多地震的情况，采用板式轨道，在真正的轨道板下还要铺设两层基础层，以便地震等破坏情况发生后，减震并且只需抽取基础层，轨道板仍可继续使用；而德国轨道铺设技术简便，采用双块式钢筋混凝土枕，中间用水泥混凝土连接，技术实施简单。我国为了今后高铁建设，武广线上多处轮番使用这两种轨道技术，以便积累经验，看看哪种技术更适合中国的地质地理情况。

无缝钢轨线路

武广客运专线在用的是超长钢轨，而非普通的25米钢轨。由于钢材料的体积受温度影响大，即受热胀冷缩的影响大，一般情况下采用的是25米规格钢轨，并且在接缝处留有一定的缝隙，这就导致了列车在行驶过程中会由于钢轨接缝而颠簸。而武广客运专线为平均时速340千米的快速客运专线，列车经过时哪怕是0.5厘米的凸起或缝隙都会造成极大的危险，所以武广客运专线在设计时便采用超长无缝线路，在适宜温度内施工（如长沙为17至25摄氏度），尽量避免温度对钢轨造成的影响，并且在钢轨下方设置有调节钢轨长度的混凝土块，保证了超长钢轨接缝处变化不超过0.1厘米，从而保证了列车的安全和乘客乘车的舒适性。

◆武广高速铁路轨道扣件

环保生态的线路

在武广客运专线桥梁下部、线路两侧以及车站站场，都选择了适合当地气候条件的乔木、灌木、草本植物进行绿化，最多的树种是紫穗槐、夹竹桃，武广全线俨然是立体的绿化生态长廊。届时，旅客乘坐武广高速动车组，由车窗外映入眼帘的将是一道亮丽的风景线。

◆农民们正在捆扎草皮送往武广高铁建工地

武广专线在施工中为保持水土，采取了边施工边防护的方式。比如在一般线路的边坡上铺植草皮或立体植被护坡。对于浸水路堤、桥梁锥体、大桥上下游50米范围河岸等特殊地点，则用片石铺设挡墙，这样不仅可以稳固土方，防止坍塌，而且能够有效防止水土流失和美化外观。

由于武广专线工程所需的土石方数量较大，因此在取土、弃渣场所的选址上，尽可能选择荒地进行移挖作填。即在取土结束后，对取土场所采取平整、复耕或绿化等恢复措施，并在弃渣场所采取先挡后弃方式，由专业管理部门统一处理弃渣，避免影响周边环境。

新型结构减振降噪

根据国内外研究表明，高速列车运行的噪音主要是由轮轨噪音、空气动力噪音等组成。武广客运专线采用了先进的减震型轨道结构，其中包括了无碴轨道、重型无缝钢轨、新型扣

◆生态长廊成风景线

件、弹性轨枕等新材料新设备，普通铁路列车通过时“咣当、咣当”的噪音将不复存在。

在高速列车经过的噪音敏感地带，如居民区、学校、医院、城区，武广全线设置了大量不低于 3 米的新型吸声式隔音窗、隔声屏障，再加上线路两旁合理的植物建成绿化带，能有效减少噪音的干扰，从而达到降噪环保和与自然景观的协调。

生态长廊成风景线

对旅客在车站、列车上遗弃的各类垃圾，武广铁路设立了三个垃圾转运站，首先将各类垃圾进行分类，把可回收利用垃圾进行城市废品回收处理，对不可回收垃圾进行压缩除害，再由环卫部门统一处理。动车组定期更换的蓄电池则由厂家回收，进行专业处理，不会造成危险固体废物危害。对各类污水、动车组厕所集便器储存的污物处理，设立了多个污水处理场，进行自动、快速处置，从而达到国家规定的排放标准，避免了污染。

在全世界越来越关注环境保护的背景下，高速铁路相对节约土地、能源以及污染较小的优势愈发明显。把武广客运专线建成一条环保、绿色生态的高速铁路，正是我国铁路现代化进程的重要标志。

插上翅膀，放飞梦想
——高速铁路的未来

国外先进的高速动车组已普遍采用了轻量化铝合金车体、高可靠性无摇枕转向架、大功率直交牵引传动、基于计算机和网络技术的列车控制和旅客信息系统。

◆高速铁路

高速铁路从某种意义上来说是无人驾驶，列车的控制程序是编好的，除非发生意外事件，需要驾驶员采取紧急措施停止列车的运行，其他时间列车一般按编好的程序正常运行。

高速铁路行车以速度信号代替传统的色灯信号，以车载信号作为行车的凭证。为防止司机失误影响行车安全，地面传送到车载设备的信号直接转变为对列车制动系统的控制，这称为列车动行控制系统。列车运行控制系统主要有地面设备和车载设备组成。

世界各国高速铁路建设计划

展望高速铁路未来的发展方向，是地面的控制中心通过无线信息控制机车。许多国家正在研制自己下一代高速列车无线通信网络，这是未来高速铁路的一种发展趋势。

高速铁路未来的另一个特点，就是在高速铁路的建设中高架桥多，桥梁占的比重大。虽然桥梁一次性投入大，但稳定性好，不容易损坏，维修量小。

美洲

美国总统奥巴马在执政后，决定从政府 7870 亿美元经济刺激计划中拨出 80 亿美元，用于在全美建设高铁走廊，以缓和交通拥堵和节约能源，目前 6 条高铁路线已获立项。远景规划是建立一个长度达 2.7 万千米的先进高铁网络。西班牙计划在 2010 年超过日本，建成世界上最大的高速铁路网。

知 识 窗

2006 年，根据欧洲铁路工业联盟预测，当年全球在火车、轨道和相关设备的投入总额将达到 1220 亿欧元。这个数字与 2005 年持平，但是比 2004 年增长 18%。欧洲铁路工业联盟称，在刺激项目和环境问题的推动下，2016 年世界各国在高速列车方面的投入将升至 1500 亿欧元。

欧洲

英国拟耗资近 340 亿英镑在 2030 年前修建一条连接苏格兰和伦敦的高速铁路（2400 千米）；法国希望将高速铁路总长度提高一倍，在 2020 年达到 2500 英里；波兰将于 2014 年开始兴建国内第一条高速铁路，计划 2020 年完工；瑞典正在筹划 15 亿克朗的国家公路与铁路建设计划，并在进行一项 1500 亿克朗的高速铁路方案调研。

知 识 库

无摇枕转向架简介

所谓无摇枕转向架，就是取消了摇枕、摇动台等部件的转向架。为了补偿由于取消摇枕而使转向架丧失的功能，无摇枕转向架用坐落在构架上的二系弹簧直接支承车体，承受车体垂向载荷；依靠中央弹簧的横向和纵向变形来实现车辆通过曲线时的转向功能；通过新的牵引装置来实现摇枕的转向和传递纵向力的功能。

亚洲

印度计划在未来5至8年内，投资27万亿卢比（约540亿美元）建设铁路。其中，在2010年至2011年的两年内，投资有望达8000亿－9000亿卢比（包括总长度为2800千米的“货运走廊”项目）；越南南北高速铁路项目（全长1570千米）是越南政府业已批准的2020年越南铁路总体规划和2030年展望中最重要的项目；泰国批准投资1000亿铢修建4条高速铁路计划。

中东地区

自1918年阿拉伯的劳伦斯兴建希贾兹铁路以来，中东地区的铁路并未有明显发展，但近年来世界铁路巨头纷纷进军中东市场，巨资投入当地的铁路运输业。根据海湾国家的规划，卡塔尔及科威特两国将分别投资100亿美元，兴建国内铁路网；阿联酋则计划投资近200亿美元，兴建包括轻轨、高速铁路及地铁在内的立体铁路运输网；沙特阿拉伯为提升国内交通运输能力，保证其地区大国地位，制订了总额150亿美元的铁路扩建计划，拟将其国内铁路总里程提升5倍，特别是在2011年的朝觐期间，穆斯林可搭乘时速高达360千米的列车往返于麦加和麦地那之间。此外，沙特还计划延伸铁路以连接国内所有城市，该计划将耗资约140亿美元。

你知道吗？

最早的客车无摇枕转向架是应用在电动客车上的，当时是为了解决由于安装电动机和齿轮钳而使摇枕、摇动台无地方安装的矛盾。由于它结构简单，重量轻，易于维修，因而获得了较大发展。比较著名的早期无摇枕转向架有：法国的Y32型转向架，意大利的Fi－at型转向架，西德的ET403及伦敦、阿姆斯特丹、慕尼黑的地铁客车转向架。由意大利和法国共同开发的Y270S型无摇枕转向架，被欧洲标准客车所采用，它和Y32型转向架十分相似，都采用钢丝绳牵引，只是车轮直径及枕簧的大螺旋弹簧的安装方法不同。

我国高速铁路的六大技术创新

◆和谐号高速列车驶过武广高速铁路衡阳湘江特大桥

按照“先进、成熟、经济、适用、可靠”的技术方针，我国瞄准世界高速铁路最先进的技术，通过原始创新、集成创新和引进消化吸收再创新，取得了一系列重大技术创新成果，系统掌握了集设计施工、装备制造、列车控制、系统集成、运营管理于一体的高速铁路成套技术，形成了具有自主知识产权和世界先进水平的高速铁路技术体系。

该技术体系的特点，一是工程建造技术达到世界先进水平。攻克了湿陷性黄土和软土地区沉降变形控制难题，掌握了复杂地质条件下高速铁路地基处理和路基填筑技术；系统掌握了常用跨度简支箱梁的制造、运输、架设成套技术；攻克了跨大江大河和高架站桥等复杂桥梁建设和大断面复杂隧道建设技术难题；首次实现了高速列车在隧道内以时速350千米交会；系统掌握了高速铁路有碴、无碴轨道的成套技术，大规模铺设无碴轨道；自主研制了满足时速350千米要求的高速道岔，掌握了超长钢轨制造、运输、铺设、焊接成套技术，攻克了长大桥梁无缝线路和高速列车重联运行接触网关键技术难题。

二是高速列车技术达到世界先进水平。系统掌握了时速200～250千米动车组核心技术，全面构建了设计制造体系。在此基础上，攻克了制约速度提升的技术难题，在高速列车基础理论、关键技术、制造工艺、试验评估等方面实现了系统集成创新，成功地搭建了时速350千米动车组技术平台。

三是列车控制技术达到世界先进水平。系统掌握了满足时速250千米的CTCS—2级列车运行控制技术，研发了具有世界领先水平的CTCS—3级列车运行控制系统，基于无线通信网络系统实现地面与动车组控车信息的双向实时传输，满足动车组列车时速350千米、最小追踪间隔3分钟的安全运行要求。

四是客站建设技术达到世界先进水平。广泛采用大跨度钢架结构、悬垂结构无柱雨棚设施以及冷热电三联供、智能化分级光控系统等先进技术。

五是系统集成技术达到世界先进水平。系统掌握了高速铁路总体设计、接口管理、联调联试等关键技术，形成了先进完善的高速铁路系统集成技术体系。

六是运营维护技术达到世界先进水平。研发了现代化高速综合检测列车，实现了基础设施检测监测的自动化和养护维修的机械化，开发了安全防灾预警技术等。

我型我秀

——高速铁路的结构体系

高速铁路是涵盖了信息通信、电力电子、材料化工、机械制造、自动控制等多学科多专业先进技术的集成。高速铁路主要由高速铁路车辆、高速铁路车站、高速铁路安全监控系统、高速铁路列车运行控制系统等组成。铁路车辆按照它们的用途可以分为铁路客车、铁路货车两大类。车站是铁路系统必不可少的组成部分，承担着用以搬运货物或旅客上下车以及供机车及车辆维修或添加燃料等功能。在赞叹高速与高效之余，我们不禁发问，如此高效的运输效率如何保证高速列车可以并行，顺畅往来？雨雪雾霾等恶劣天气条件下，高速列车又如何保证安全运营？这就要靠高速铁路运营的安全“保护神”——列车控制系统和高速铁路安全监控系统来完成了。

我流淌的“血液”——高速铁路车辆

◆奋进号

◆先锋号

铁路车辆按照它们的用途分可以为铁路客车、铁路货车两大类。

铁路客车包括：①运送旅客用的车辆，如硬座车（YZ）、软座车（RZ）、硬卧车（YW）、软卧车（RW）；②为旅客服务的车辆，如餐车（CA）、行李车（XL）；③特种用途的车辆，如邮政车（UZ）、公务车（GW）、卫生车（WS）、医务车（YI）、实验车（SY）、维修车（EX）、文教车（WJ）等。

铁路货车则类型较多，随所装货物种类的不同而具有不同的车体，又可分为通用货车和专用货车。如敞车（C）、棚车（P）、平车（N）、罐车（G）、冷藏车（B）等称为通用货车；只适用于装一种或少数几种性质相近货物的，如矿石车（K）、水泥车（U）、活鱼车（H）、特种车（T）、长大货物车（D）等称为专用货车。

铁路车辆的构造

◆和谐号

铁路车辆是运送旅客和货物的工具。多年来，由于不同的目的、用途及运用条件，使车辆形成了许多类型，但其构造基本相同，大体均由六部分构成：①车体：就是平时我们坐车有位子或床的车厢；②车底架：简单的说就是承托车子里你脚踩的地方的钢梁；③走行部：是车子下面装有轮子的地方；④车钩缓冲装置：通常在两节车厢的连接的地方；⑤制动装置——刹车；⑥车辆内部设备：主要指客车上为旅客旅行所提供的设备。如客车上的座席、卧铺、行李架、供水、取暖、空调、通风、车电等装置。由于货车类型不同，内部设备也因此千差万别，但一般较为简单。

动车组是什么？

我们一直在说高速铁路车辆，那什么是高速铁路车辆呢？我们一直在说的高速铁路车辆其实就是现在使用十分广泛的动车组列车。那什么叫做动车组呢？

◆N700 系列新干线列车进站

通常看到的电力机车和内燃机车，其动力装置都集中安装在机车上，在机车后面挂着许多没有动力装置的客车车厢。如果把动力装置分散安装在每节车厢上，使其既具有牵引动力，又可以载客，这样的客车车辆便叫做动车。而动车组就是几节自带动力的车辆加几节不带动力的车辆编成一组，就是动车组。带动力的车辆叫动车，不带动力的车辆叫拖车。

◆N700 系列新干线列车进站

德国是最早制造和运用动车的国家，制造技术一直领先。1903 年 7 月 8 日，首先运行了由钢轨供电的动车组，由 4 节动车和 2 节拖车编成。同年 8 月 14 日，又运行了由接触网供电的动车组，这是世界上第一列由接触网供电的单相交流电动车组。同年 10 月 28 日，西门子公司制造的三相交流电动车进行了高速试验，首创时速 210.2 千米的历史性记录。

世界上很多国家都有高速列车，但是它们的名称各不相同，我们最熟悉的就是日本的新干线列车，在日本以外的国家称新干线为子弹头列车或是超特急列车。新干线通车多年从未发生过因人为因素导致有人死亡的事故，因此号称为全球最安全的高速铁路之一，也是世界上行驶过程最平稳的列车之一。新干线其实就是动车组的一种。

广角镜——中国历史上的动车

1. 抚顺电铁客车

抚顺电铁是中国最大的地方性准轨电气化铁路网，它修建于伪满时期，运营至今。早期运行在其上的客运列车是在中国可以追溯到的最早的动车组。抚顺电铁客车属于弱动力分散列车。按照现在的眼光看，这样的列车并不很适合通勤，但抚顺电铁的运营速度很低，即使列车加速能力不那么强，也足以在短时间内加到运营速度。

◆全国最早的客运电铁——抚顺电铁

◆我国进口匈牙利的 NC3 动车

◆东风号双层摩托列车

2. NC3 动车组，于 1962 年从匈牙利进口 8 组，交付北京内燃机机务段使用，担当北京到天津的客运任务；到 1975 年 5 月，该动车组全部调到兰州铁路局。1987 年全部报废。

3. “东风”摩托化列车组

1958 年的时候，中国就有了最早的铁路动车——东风号双层摩托列车。当时是四方机车车辆长设计了我国首列双层液力传动内燃动车组。在 1951 年的时候，这列动车就开始在北京到天津之间试运行。东风号双层摩托列车由两节动车和四节双层客车编组而成。

到了 1978 年，我国的长春客车厂和铁道科学研究院、株洲电力机车研究所开始研究设计 KDZ1 型电力动车组。该动车组同样是 2 动 2 拖的混合编型，当时最高速度是每小时 140 千米，很可惜的是，这列试验型电力动车组因受当时运行条件的限制，未能正式投入运行。这是我国首列电力动车组。

我休息的地方
——高速铁路车站

铁路车站或简称铁路站，口语惯称火车站，是供铁路列车停靠的地方，用以搬运货物或旅客乘车。部分铁路车站还有供机车及车辆维修或添加燃料的设施。月台可粗略地分为岛式月台、侧式月台、港湾式月台、跨站式站房、特殊车站等。多家铁路公司一起使用的车站一般称为联合车站或转车站。有时转车站亦指可供与其他交通工具转乘的车站。

◆日本名古屋本线伊奈车站

国内外高速铁路的车站

高速铁路在世界许多发达国家已修建，通过运营实践，取得了显著的经济效益和社会效益。

国外高速铁路的车站主要有 3 种设置方式：(1) 新建高速铁路车站主要考虑客流量及运输组织的需要。如日本的新干线和韩国首尔—釜山高速铁

◆英国伦敦的维多利亚车站

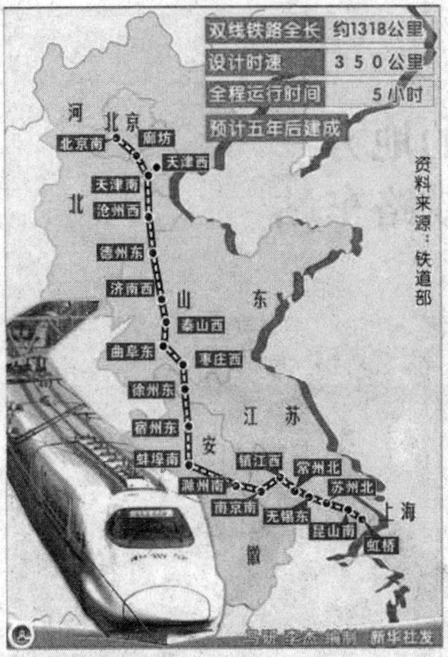

◆京沪高速铁路沿线站点分布

路。（2）高速铁路的站点大部分是新建，但同时充分利用既有线路的车站。如法国、德国、意大利及西班牙等国。（3）改造既有线为高速线，完全利用既有车站。如英国、瑞典、俄罗斯等。

我国京沪、秦沈两条铁路的车站分布如下：

（1）京沪高速铁路车站分布

京沪高速铁路全线共设 24 个车站，有新建大型客站、高速车站、利用既有车站 3 种方式。最短站间距离为 31.65 千米，最长站间距离为 118.43 千米，平均站间距离为 55 千米。

（2）秦沈客运专线车站分布

秦沈客运专线全线共设 13 个车站，秦皇岛山海关地区既有车站 3 个，新设车站 7 个；沈阳枢纽既有车站 3 个。新建线路最短的站间距离为 26.9 千米，最长的站间距离为 62.4 千米，平均站间距离为 47.6 千米。

高速铁路车站设置的原则是什么?

（1）最大限度满足沿线各城市的旅客出行需要和促进沿线地区经济发展的需要；

（2）满足高速铁路运输组织的需要；

（3）便于高速铁路与其他运输方式的衔接，增强高速铁路在各种交通运输方式中的竞争力；

（4）在有大量旅客集散的城镇设客运站，根据列车运行和调整需要设置中速列车待避高速列车的越行站。

高速铁路车站影响分析

高速铁路车站设置的影响分析要从三个方面着手：

(1) 列车停站对车站布局的影响分析；

(2) 通过能力对车站位置的影响；（铁路线路通过能力，是指在现有技术设备、行车组织方法及规定的技术作业过程条件下，铁路线路在一昼夜内所能通过的最大列车对数或列数。）

(3) 设置车站时应考虑的因素：

①车站间距的大小与通过能力的大小关系不大，但过多设置车站会增加中速列车待避高速列车的次数，降低中速列车的旅速；

②车站应尽可能按等站间距设置，以减少由于车站的不规则分布所造成的能力损失；

③设置车站的多少与线路长短途高速列车通过能力和高、中速列车通过能力有关，车站设置越多，长途通过能力损失越大。

广角镜——京沪高速铁路高架车站

◆京沪高速铁路无锡站效果图

我国刚刚建成的京沪高速铁路为了利用既有铁路车站的场地和设备，利用城市现有的商业、文化布局，把大部分高速铁路车站与既有车站设置在一起，有些高速铁路车站为了避免大量房屋及工厂的拆迁（如无锡站、苏州站），把高速铁路车站高架于既有车站上，即高架车站。这是我国首次提出高架车站型式。

小知识——京沪高速铁路高架车站的设置

1. 设置高架车站遵循的原则

经济原则、社会效益原则、国土综合利用原则、技术可行性原则、方便旅客进出站原则。

2. 京沪高速铁路高架车站形式

根据京沪高速铁路具体情况，可采用的高架车站形式有新建高架车站、并设高架车站、部分直上型高架车站、直上型高架车站4种。

3. 高速铁路高架车站结构形式

高架车站结构形式一般有空间钢架结构体系、纵横梁结构体系、组合结构体系等。

我的“安全卫士”——高速铁路安全监控系统

安全监控系统对保障高速铁路安全运行起着至关重要的作用，是综合调度中心的一个重要组成部分。它提供各种自然灾害情报数据，为列车运行控制提供依据；提供各种设备运行状态，以保证列车正常运行；提供有关防灾数据（预警、限速、停运等决策信息），为运行计划调整提供依据。由于高速铁路列车速度快、密度大，对行车安全保障体系提出了更高的要求：行车调度统一指挥，安全信息实时处理，列车运行自动控制；列车与地面的信息自动交换，实时传输；维持轨道的高平顺性、高稳定性；关键设备的运用状态实时自诊断；预防自然灾害的突然袭击；采取必要措施，严防侵入物撞击高速列车或侵入线路；具有对突发事故的应急处理能力。

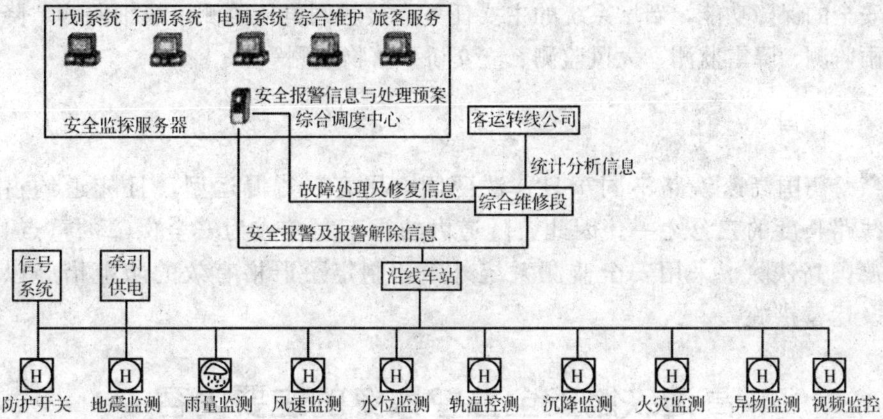

◆高速铁路安全监控图

国外高速铁路安全监控系统

国外在很久以前就建设了高速铁路，它们的高速铁路安全监控系统是怎样的呢？

以日本、法国、德国为代表的高速铁路，针对其所处的自然环境、地理条件以及运营条件的不同，都分别采取了各自不同的安全保障措施。

日本

日本新干线运行已30余年，新干线以高安全性著称。其早期的列车运营管理自动化系统包括行车调度、车辆调度、旅客调度、电力调度、通信信号调度以及设备线路调度，其中设备调度除负责线路的管理和维修保养外，还收集沿线气象、地震等信息，防止灾害的发生以及指挥修复与救援工作。其典型的安全监测系统为气象信息系统及智能地震预警系统。1996年东海道新干线开发引用了轨道温度监视系统。

法国

法国高速铁路创造了当前世界轮轨系交通的最高试验速度每小时515.13千米，运营速度达到每小时300～320千米，以机车信号为主的列车自动控制系统，增加了设备监测和报警子系统，进一步强化了列车运行安全的保障功能，新增系统的主要任务为接触网电压监测、热轴监测、降雨监测、降雪监测、大风监测、立交桥下落物监测等。

德国

德国高速铁路不同于日、法两国，属客、货混运型，且隧道约占线路长度的三分之一。因此，隧道内的行车安全成为安全保障的重点。德国高铁除了采用安全监测系统外，还制定了严格有效的防范措施以及运营措施。

高速铁路安全监控系统的主要内容

自然灾害监测系统

1. **风监测系统**

风监测系统一般由风向风速计、发送装置、接收分析记录装置组成。

这主要是因为大风是列车运行的阻力之一，而且大风的吹动会使接触网、电网和一些高架桥梁产生震动，导致事故发生。

2. 雨量及洪水监测系统

雨量及洪水监测系统由数据采集设备、监测终端设备以及监测主机设备构成。由于洪水灾害不像地震、风灾那样具有突发性，它是按积少成多、循序渐进的规律形成灾害的，往往因汛期雨水多造成。铁路受雨及洪水破坏主要表现在路堤、桥梁以及路堑自然边坡破坏三大方面。所以雨量及洪水监测系统也是必不可少的。

3. 地震监测系统

地震除直接破坏铁路基础设施外，还会直接导致列车脱轨、倾覆等灾难，为避免这些灾难的发生，要尽可能使列车在地震发生前或发生时降低运行速度或停车，这对于高速列车更为重要。地震监测系统一般由两大部分组成：拾震及数据处理设备和中心监视设备。

4. 视频监控系统

该系统采用先进的视频编码及视频分析技术，实现高清晰视频图像采集、编码、传输、录像、转发及自动报警功能。指挥人员和警务人员通过自己工作区域内的大屏幕或电脑工作站可清楚地了解辖区和全线车站、区间、桥梁、路基、机房口重点区段和设备的情况，并迅速准确地处置突发事件。智能网络视频监控系统必将为高铁的良好运营保驾护航。

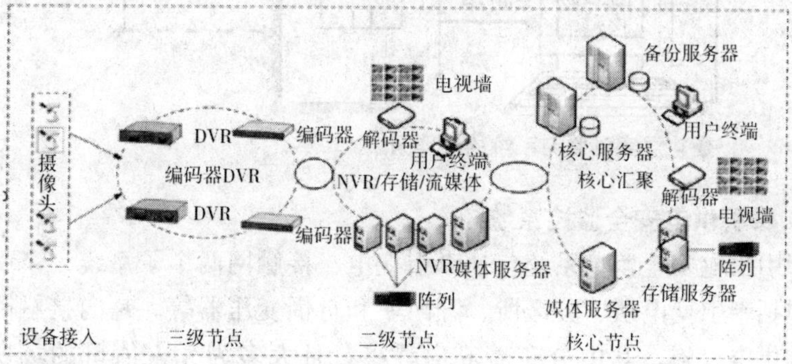

◆高速铁路固定设备安全监控系统

5. 其他自然灾害监测系统

高速铁路同普速铁路一样，还应针对不同地理环境条件、不同的运营机制，设置相应的防火灾、防雷击、防冰雪等设施。

固定设备安全监控系统

1. **轨道温度监测系统**

由于高温会使无缝钢轨因热而膨胀，导致脱轨等事故发生，因此要对钢轨的温度进行监测。轨温监测系统由以下几部分组成：设置在现场的钢轨温度传感器，大气温度、湿度传感器；设置在养路工区（工务段）的信息处理器、显示器；道床状态信息输入设备（报警器、记录仪等）。

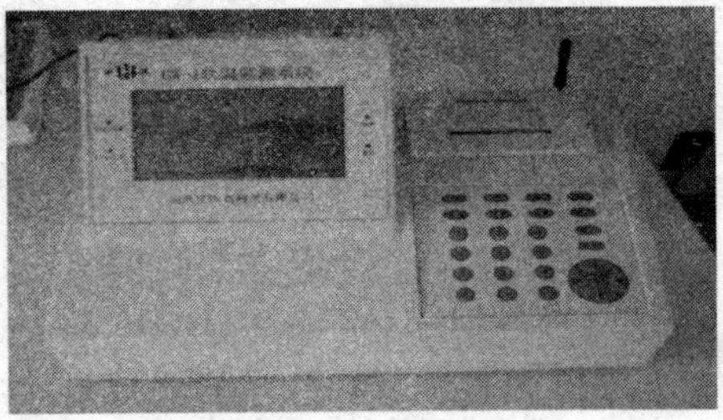

◆某种轨温实时监测系统样图

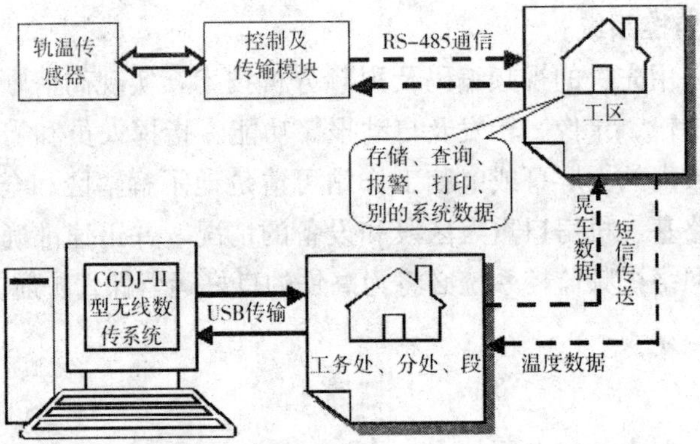

◆轨温实时监测系统的原理图

2. **牵引供电安全监控系统**

牵引供电安全监控系统包括牵引变电、接触网两个子系统。牵引变电系统包括牵引变电所、分区所、开闭所和自耦变压器等，是向接触网输送电能的供电设施，其中分布着充电设备，且大多为无人值班的场所。因此，自然灾害及外界侵入物的袭击将严重影响供电设施的安全，危及高速铁路的运行。

3. 移动设备（物体）安全监控系统

（1）崩塌、落物监控系统。

（2）车载故障监测及自我诊断系统。

相信有了高速铁路的安全监控系统，我们国家的高速铁路将会成为最安全的高速铁路之一。

◆武广高铁的牵引供电系统

我的“管家”——高速铁路列车运行控制系统

高速铁路的崛起和发展给世界铁路的振兴带来了勃勃生机，但同时对铁路通信信号等装备也提出了更高的要求。当列车运行速度提高到某一限度时，司机瞭望和确认地面信号的时间很短，不能保证行车安全和效率，无法依靠地面信号显示正常行车。因此，随着列车运行速度和密度的不断提高，世界各国都在发展各自的列车运行控制系统。

列车运行控制系统的基本原理

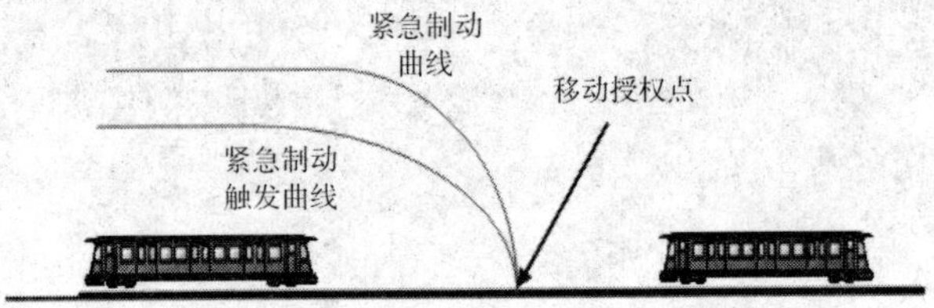

◆移动闭塞原理图

列车运行控制系统主要是以技术手段对列车运行方向、运行间隔和运行速度进行控制，使列车能够安全运行且提高运行效率。列车运行控制系统的地面设备和车站连锁设备主要实现连锁控制功能并生成列车控制所需的基础数据，通过车一地信息传输通道将地面控制信息传送给列车，经列车运行控制车载设备进行处理后，生成列车速度控制曲线，监督控制列车安全。

随着技术的发展，人们开始采用基于无线通信的列车控制系统，也就是采用在列车和轨道旁设置无线电台实现列车与地面控制系统之间连续的双向通信，做到真正的双向“车一地通信”，从而实现基于通信的列车控制系统。该技术体制属于移动闭塞系统。

列车运行控制系统的组成

列车运行控制系统主要由地面设备和车载设备组成。地面设备主要检查列车在区间的位置，形成速度信号，向列车传送允许速度、线路参数等信息。车载设备主要由天线、信号接收单元、制动控制单元、司机控制台显示器、速度传感器等组成。车载设备根据接收到的地面信息、列车特性，计算列车制动模式曲线，控制列车运行状态。

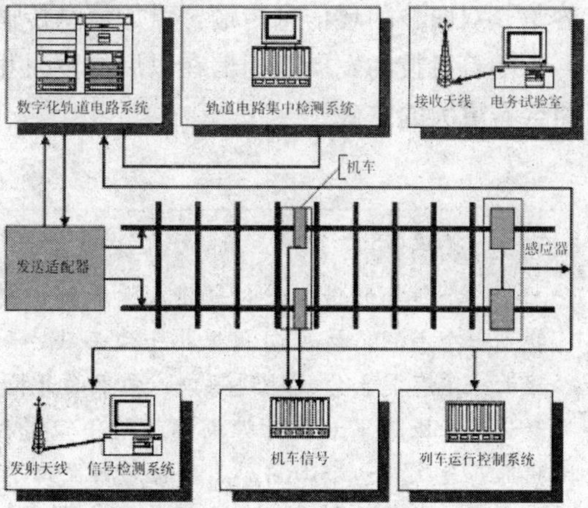

◆列车运行控制系统示意图

法国高速铁路采用的列车运行控制系统，以固定闭塞分区为基础，为分级速度列车运行控制系统设备，由地面设备及车载设备两部分组成。地面设备由 UM 系列轨道电路、列车运行控制中心和维护系统三大部分构成。

德国高速铁路采用的列控系统由地面控制中心、传输设备、轨道电路和机车装置组成。德国高速铁路列车控制系统使用轨道电缆作为传输媒介，地面列控中心负责计算列车运行目标距离控制曲线，通过轨道电缆传给车载计算机，再由车载设备生成对列车行驶的控制指令。

随着列车运行速度、密度的提高，从保障列车行车安全，提高运行效率角度出发，列车运行控制系统正在向以下方向发展。

首先，利用数字轨道电路实现先进的列车运行控制系统，实现大容量的车一地信息传输，传统模拟轨道电路信息太少无法满足列车运行控制的需要。以采用数字信息处理技术为基础的数字轨道电路，可以有效增加由地面向车载传输的信息量。但由于轨道电路受多种因素影响，电特性较差、信息量有限，且只能实现地对车单向信息传输，难以满足列车运行控制系统发展的需要。

其次，以通信为基础的列车运行控制系统。如利用轨道电缆方式、漏泄电缆方式、无线通信方式以及卫星通信方式等通信系统可以实现连续大容量、双向、闭环信息传输，增加信息传输的可靠性和安全性。

随着科技的发展，相信在以后的岁月里，高速铁路列车运行控制系统将会有更大的突破。

轻松一刻

一个年轻的猎人来向老猎人请教如何猎熊。老猎人说，通常我都是先找到一个山洞，然后向洞里扔一块石头，如果听到有“呜呜”的声音，那里面一定有熊。你就跳到洞口，向里面开枪，一定能打到熊的。过了几天，老猎人在医院里看全身缠满绷带的年轻猎人，很惊讶。年轻猎人说，我去猎熊，先找到一个山洞，然后我向洞里扔了一块石头，听到里面有“呜呜”的声音，我就跳到洞口……可是，我还没来得及开枪，从山洞里开出一列火车！

小知识——国际铁路联盟

国际铁路联盟是世界铁路最大的国际性标准化机构。它成立于1922年，会址设在巴黎，如今已在五大洲拥有200个成员。国际铁路联盟的宗旨是推动国际铁路运输的发展，促进国际合作，改进铁路技术装备和运营方法，开展有关问题的科学研究，实现铁路建筑物、设备的技术标准的统一。我国把UIC标准定为国际标准。

“竞”显风流

——世界各国高速铁路介绍

世界各国正在掀起建设高速铁路的热潮。在发展铁路的国家中，日本、法国、德国是当今世界高铁技术水平最好的3个国家。高速铁路的实际应用发源于日本。1959年，日本国铁开始建造东京一大阪的东海新干线高速铁路。法国高速铁路运营开始于1967年，稍晚于日本，但1981年法国高铁时速就达到380千米的世界纪录；1990年，又以515.3千米的时速创造了世界新纪录。相比发达国家，中国的高速铁路起步较晚，但中国经济近几年来发展速度更快。那高铁的技术到底是发展到哪一步了呢？我们来看一下各个国家的高铁发展概况吧。

高速铁路的出生地
——日本新干线

每当外国人访问日本，总希望能乘坐一次新干线，亲身体验一下这种由日本首创的“子弹头列车”的安全、快捷、舒适的遐意。

新干线的全称是“高速铁路运输系统新干线”。在新干线上行驶的是一种特制的电气化火车，火车头是流线型的，像巨型子弹，开起来如子弹出膛般呼啸着前进，所以有“子弹头列车”之称。

◆日本新干线全图

“子弹头列车”的车厢宽敞、整齐、清洁，窗户密封极好，在高速行驶下不仅车身平稳、噪音也很小。车内设备完善，有饮水设施，有洁净的洗手间，电话间，有冷暖空调。乘务小姐也非常礼貌，服务水平很高。让人感到乘这样的火车也是一种享受。

◆像只“小皮靴”的日本新干线列车

现在新干线在不断改进更新，增设了新颖的车辆，车厢改成双层式，座位的扶手上还装有收音机耳机，免费供应咖啡和报纸；车里还有几处大型洗手间，里面配有热水

淋浴器；使旅客不仅能在车上用餐，还能在车上梳洗。有的车辆甚至配备私人单间。这给上班族和旅行者提供了更大的方便，使新干线的利用率越来越高。目前，日本新干线年运载量在1.4亿人次以上，超过日本全国人口。

新干线的来历

第二次世界大战后的50年代后半期，日本经济迅速恢复，发展速度明显加快。工商业和流通业尤其发达的京滨、中京、阪神地区成了带动整个日本经济发展的火车头。连接这些地区的东海道铁路线虽只占日本铁路总长的3%，却承担了全国客运总量的24%和货运总量的23%，而且运输量的年增长率超过全国平均水平，运输能力已达到极限。当时，日本经济已开始从战后复兴向高速增长过渡，为促进经济发展，实现富国目标，全面加强连接这三大工商业地带及周围地区的东海道铁路干线已成迫切需要。为此，运输省于1957年设立了由专家学者组成的“日本国有铁路干线调查会”，就如何增强东海道铁路线运输能力问题进行探讨。1958年12月，日本内阁会议批准了修建东海道新干线的设想。

新干线的发展过程

基于东海道新干线的成功，日本运输省和国有铁路公司决定将新干线向日本西部延伸。1967年日本开始着手修建连接大阪和福冈的山阳新干线，山阳新干线于1975年全线开通。这样，又在将京滨、中京、阪神、北九州四大工商业地带连接起来的静冈、冈山、广岛等县兴建新的工业地带，形成了沿太平洋伸展的所谓“太平洋工业带”，从而实现了国家经济高速增长和国民收入的大幅度增加。

20世纪70年代日本经济高速增长，以“太平洋工业带”为中心的地区得到巨大发展，而其他地区却相对滞后，经济上出现了地区差，于是，如何消除经济上的地区差又成了日本面临的一大课题。为谋求均衡开发，消除经济上的地区差，日本政府认为有必要修建从北海道到九州岛、总长为2000千米的高速铁路线，以此为轴心把地方核心城市连接起来，从而形成全国高速交通网。为此，日本于1970年制定了《全国新干线铁路扩建法》，运输大臣据此确定了总长约为6000千米的新干线铁路建设基本计划。1971年，东北新干线和上越新干线动工。1982年，东北新干线和上越新干线先后通车，伸向东北和日本海地区的高速铁路线成了推动这些地区经济发展的原动力。

新干线的技术特点

新干线采用动力分散的运行方式，而不是用机车牵引。机车牵引方式下，动力越大，机车越重，从而加大路面压力，增加建设成本。采用动力分散方式，不仅不需要沉重的机车，也易于加速或减速，并可根据客运状况灵活编组，既降低了建设成本，又提高了经济效益。随着半导体技术的迅速发展和应用，新干线列车的车闸也由原来的机械式改为电动式，当列车在坡路行驶刹闸时，电动机就变成了发电机，电流通过转换回收利用，从而可节省能源。

◆自动售票机

日本开发新干线的首要目标是增强客运能力，其次才是提高速度。东海道新干线开始运行，每天的客运量是6万人次，10年后增加到每天30万人次，现在全国5条新干线每天客运量达75万人次。乘客如此之多，依靠电话预约和手工售票，无论如何也适应不了。日本早在开发新干线的同时就研制出了综合自动售票系统，经过多年的不断改进，现在每天可处理160万张车票，基本无差错。如今，乘客在任何车站或旅行社经销点随时都可买到自己所需要的车票，不仅节省了时间，也减少了诸多烦恼。

知识窗

什么是动力分散?

高速列车的牵引动力分散配置，一种是完全分散模式——列车编组中的车辆全部为动力车，另一种是相对分散模式——列车编组中的车辆有些为动力车，有些为拖车。

展望——新干线未来的发展

日本新干线的成功，给欧洲国家以巨大的冲击，促进了高速铁路在欧洲的发展。日本开发新干线时，正是欧美国家着力发展高速公路和航空运输业的时候，铁路运输在这些国家被视为“夕阳产业”而受到冷落。但是，随着石油危机和大气污染问题的发生，最节省能源的铁路运输再次受到关注，各国纷纷调整以汽车为中心的交通运输政策，大力发展高速铁路。

法国和德国急起直追，先后着手进行高速铁路试验。1981 年法国最高试验速度达到每小时 380 千米，1988 年西德突破 400 千米，达到每小时 406.9 千米，1990 年法国又创造了每小时 515.3 千米的世界纪录。欧洲国家高速铁路技术的进展反过来又“刺激”了日本，日本将国有铁路公司一分为七，实行民营化管理，分管新干线的西日本、东日本和东海三家公司展开了竞争，重视并加强了技术研究和新型车辆的开发。

浪漫之都
——法国巴黎的高速铁路

◆法国的埃菲尔铁塔

提到法国，我们想到最多的是它的浪漫气息，法国首都巴黎更是一座世界历史名城，名胜古迹比比皆是，埃菲尔铁塔、凯旋门、爱丽舍宫、凡尔赛宫、卢浮宫、协和广场、巴黎圣母院、乔治·蓬皮杜全国文化艺术中心等，巴黎是国内外游客流连忘返的地方。美丽的塞纳河两岸，公园、绿地星罗棋布，32 座大桥横跨河上，使河上风光更加妩媚多姿。河中心的城岛是巴黎的摇篮和发源地。塞纳河畔圣米歇尔林荫大道有绵延数千米的旧书市场，每天都有不少国内外学者、游客来这里选购心爱的古籍，形成塞纳河畔古老的文化区——拉丁区的一大特色。巴黎不仅人文气息浓厚，高速铁路也很发达，下面就让我们了解一下法国巴黎的高速铁路。

法国的高铁

◆法国的卢浮宫广场

法国高速铁路是由阿尔斯通公司和法国国家铁路公司设计建造并由后者负责运营的高速铁路系统。建造法国高速铁路的设想始于 20 世纪 60 年代，之前日本新干线已于 1959 年动工。当时法国政府热衷于采用气垫列车或磁悬浮列车，而法国高铁则开始研究基于传统轨道的

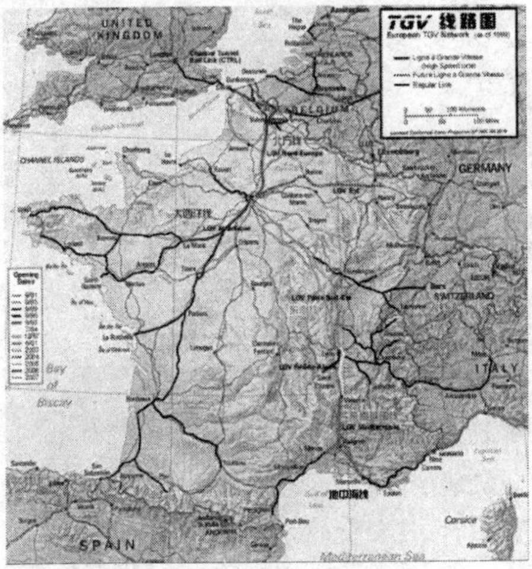

◆法国境内高速列车分布图

◆法国高铁的其中一条高速列车

高速列车。

1981 年 9 月 27 日，运行于巴黎与里昂之间的法国高速铁路系统正式向公众开放。法国高速铁路最初的目标客户是往来于两座城市之间的商务人士，但不久之后目标市场以外的人们也越来越喜欢乘坐这种快捷、实用的交通工具。如今法国高速铁路已形成以巴黎为中心、辐射法国各城市及周边国家的铁路网络。2007 年 4 月 3 日，法国高速铁路以每小时 574.8 千米的时速创造了轮轨列车的最快纪录。

法国高速铁路最初的成功促进了铁路网络的扩张，多条新线路在法国南部、西部和东北部建成。随着法国高速铁路的建成，法国的邻国例如比利时、意大利、西班牙和德国也纷纷效仿，分别建立起了各自的高速铁路系统。

由于旅行时间短、乘坐手续简便、车站位于城市中心，因此短途旅客大多放弃飞机而乘坐法国高速铁路。名为法国高速铁路东线（the Traina Grande Vitesse，法文高速列车之意）的高速列车线路通车后，将使首都巴黎和东部城市斯特拉斯堡之间行车时间从目前的 4 小时减少至 2 小时 20 分，前往东面欧盟国家的乘客也将获益。

TGV 来历

法国高速铁路列车最早的原形是 TGV001。它以燃气涡轮发动机为动

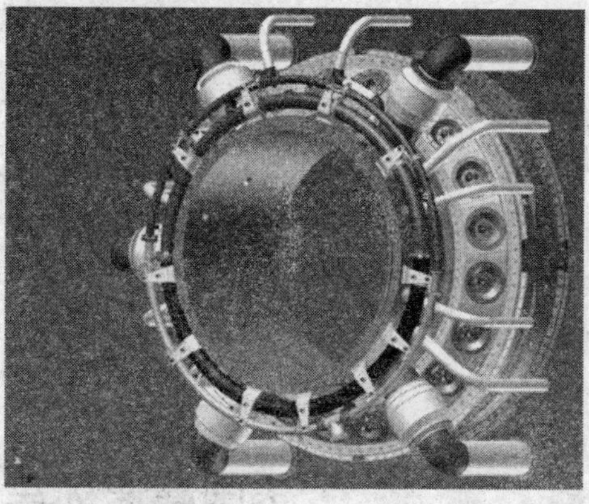
◆燃气涡轮发动机

力，在1972年11月8日创造了时速318千米的世界纪录。这种车在试验中曾175次跑出超过300千米的时速。明亮的橘红色的流线型法国高速铁路列车名噪一时。而仅仅在几个月前，法国高速列车即以380千米的时速打破了世界纪录。新型法国高速列车取得了出人意料的成功，打败了巴黎到里昂的航空运输业，很快就盈利了，仅仅用十年的时间就完全收回了自身的营建成本。面对这一成功，法国政府开始看好这一新系统，并为进一步开发高速路网提供支持。法国高速铁路已经成为法国的高技术象征。1989年，法国高速列车Atlantique线首次开通，运营于巴黎西部各个城市中心点。自此，新型的法国高速铁路和铁路线相继面世，而且在每一次的更新换代中都有很大的改进，展示出了法国高速铁路继续向前发展的可能性。特别值得注意的是在1990年5月18日，法国高铁创造出了令世界震惊的速度：515.3千米的时速。

法国高速列车的技术特点

阿尔斯通公司研制的列车采用动力集中技术，也就是说，由独立的牵引机车作动力源。它的好处是旅客车厢没有噪音；弊端是列车扩编或者缩编时，容易造成机车功能不足或者过剩。阿尔斯通将此技术用于法国高速铁路东线的电力车，是第一部配有异步动力牵引的电力车。

技术特点一是底盘自动下降（降低重心）的抓地技术。即遇到紧急情况（碰撞、刹车等）时底盘会自动下降，降低重心，抓牢地面不致翻覆。

技术特点二是车体之间的挤压弹性能量吸收技术。车厢底盘长度是可变的，而且是在共轴方向发生变化，加速时被拉长，碰撞或刹车时被压缩来吸收碰撞能量，而且是吸收共轴方向的能量，这样列车间就不会发生“扭麻花”、“Z”形翻覆了。

动手做一做

去网上了解动力集中和动力分散的区别的知识吧：

1. 去搜索网站；

2. 搜索“动力集中和动力分散的区别”，这个时候你将会发现许多网站链接，随便点开一个开始了解吧；

3. 将你学到的东西尽量记下来，今后很可能会用到的。

法国高速列车未来的发展

◆法国阿尔斯通推出的高铁车辆

阿尔斯通最新推出的高铁车辆，采用动力分布式设计，部分车厢自带动力，与日本的新干线及德国的高铁类似，但仍采用关节式转向架。而下一代的法国高速铁路车辆也在持续的研发中。

现有车辆方面，法国计划在双列联挂的法国高速铁路列车中以两辆客车取代中间连接的两辆机车，以增加载客量，而这两辆客车并装用动力转向架，以补偿机车替换导致的动力损失。

广角镜——法国的高铁旅游

如果你想去法国旅游或是求学，一定别忘记体验一下法国高速铁路的舒适与快捷。法国的高速列车乘坐起来很便捷很舒适。说到便捷，首先就体现在购票上。目前来看，最方便的是去法国国营铁路公司的订票网站进行网上预订。在用信用卡支付费用后，铁路公司会将票免费寄到乘客的住处。如果时间紧，还可以选择网上购票火车站窗口取票的方式。

在舒适方面，法国高速列车内人性化的设计是吸引旅客乘坐高铁的一个主要

原因。头等车厢自不用说，二等车厢的座椅也可以稍微下放，坐起来也很舒适。另外，座位旁边一般都配备电源插座，可以边坐火车边工作，一点儿也不耽误时间。

尽管在法国很多人出行选择乘高铁，但是在法国也不会出现买票难的问题。一方面，由于高速列车连通的是法国的主要大城市，因此车次较多。另一方面，法国人口不多（据法国国家统计局公布的数据显示，直到2009年1月1日，法国本土人口已经达到6430万。法国本土加上海外省人口达到6510万)。

对于票价来说，买票时间的早晚是影响车票价格的唯一因素，乘客越早买票价格越便宜。与普通列车相比，法国的高速列车票价要贵不少，但法国国营铁路公司针对不同人群推出不同的优惠，比如针对26岁以下青年人的“青年卡”和针对60岁以上老年人的“老年卡”，持有这些卡的人在购票时可享受不同程度的折扣。法国国营铁路公司的网上订票系统还经常推出一些“闪电销售”，这些票通常是不能改签也不能退的，但价格非常便宜，头等车厢的票价甚至比没打折的二等车厢的票还便宜许多。

啤酒城
——德国慕尼黑的高速铁路

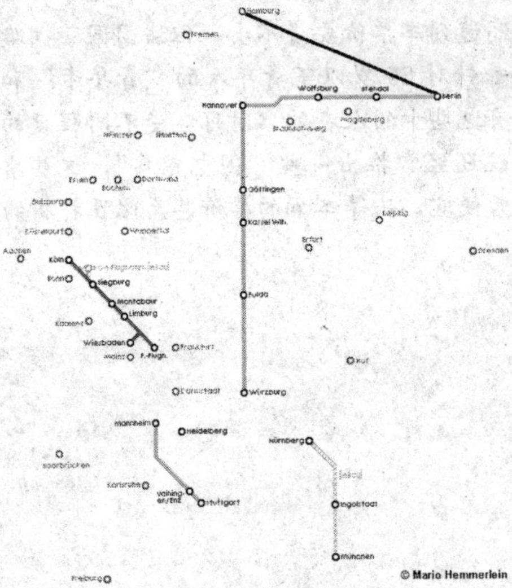

◆德国慕尼黑高速铁路全图

德国的高速铁路是大宗货物运输以及联运和客运交通方面特别有利于环境保护的不可缺少的交通工具。在西部，德国联邦铁路于 1991 年已将其第一批新的高速铁路投入使用。它们使用新研制的城际特别快车的速度达到每小时 250 千米。1994 年联邦德国铁路和德国的国营铁路合二为一，成为德国铁路股份公司，实现了私有化，进一步推动了铁路网的现代化。后续建造的高速路段投入使用形成欧洲联营。汉诺威、维尔茨堡、曼海姆、斯图加特和慕尼黑之间的高速铁路特别对出差旅行者更具吸引力。截至 2010 年德国的高速铁路线共有五条，它们分别是 1991 年开始运营的汉诺威—维尔茨堡线、曼海姆—斯图加特线；1998 年通车的汉诺威—柏林线；2002 年通车的科隆—法兰克福线以及 2006 年通车的纽伦堡—因戈尔斯塔特线。

德国的高铁车辆

20 世纪末德国国铁正式研发高速铁路。其第一代试作型试验型城际列车今日已经解体作研究用途，但第二代试作型城际列车却尚存于世，并于纽伦堡的德国国铁铁路博物馆中作长期展览。在 1991 年 5 月 29 日，城际列车试车至卡塞尔。

1989年第一批的ICE401型的城际列车正式投入服务。最初的城际列车路线在1991年6月2日时修改成由汉堡经汉诺威、卡塞尔、法兰克福、斯图加特、曼海姆至慕尼黑。

自1997年起402型城际列车ICE2登场。ICE2在基本结构上与ICE1很相似，但在实际营运时最大的不同点是每一列ICE2的长度只有原本ICE1的一半，再以两列列车串联行驶的方式营运，其好处是在一样的运量之下ICE2可以拥有比较大的车辆与路线调度弹性。ICE1和ICE2在车辆规格上比国际铁路联盟建议的火车规格更宽和更重。ICE系列不但被计划在德国境内使用，对瑞士和奥地利等使用相同铁路宽度与供电电压的邻近国家来说，也具有非常重要的实用性。

◆ICE—1型

◆ICE—2型

◆ICE—3型

◆ICE—350型

德国高速铁路列车的发展

德国的城际列车造于 1985 年，不久就创造了每小时 406.9 千米的世界纪录。

ICE1 是最早的一代 ICE，它造于 1991 年。ICE 是以两台机车带 10—12 节车厢运行在德国连接瑞士和奥地利的线路，现在有约 60 列 ICE1 在运行，速度达每小时 280 千米以上。

ICE2 是第二代 ICE，它造于 1996 年，ICE2 是一台机车带 7 节车厢。目前约有 44 列 ICE2 在运营，速度在每小时 280 千米以上。

ICE3 是第三代 ICE，它造于 1997 年。ICE3 的正常运行速度为每小时 300 千米，TRANBBS 技术速度达每小时 330 千米。

ICE4 是 ICE3 的改进型，主要是对传动技术和机车车辆的横截面作些设计。

ICE5 是使用完全不同技术的新车型，它使用的是磁悬浮技术，用于汉堡—柏林磁悬浮线路。这条线路由德国铁路公司经营。

ICE21 是计划中的另一种快速列车，用于试验一系列新技术，如采用不同于现在 ICE 的新型转向架。但这项计划的资金尚未获财政批准，在未来几年内也许不会实现。

ICT 是由 ICE 派生的可倾式列车，这种列车在传统线路上运行速度可以达到每小时 230 千米。

ICE—VT 是在非电气化铁路上运行的内燃—电动车组，带 4 节车厢，速度可达每小时 200 千米。

德国高速铁路的技术特点

德国铁路的无碴轨道技术经历了 30 多年的发展历史。为了研究和发展无碴轨道技术，德国铁路曾在卡尔斯鲁厄到巴塞尔线路上选择了 8 千米地段铺设了 8 种不同类型的轨道。其中有长枕埋入式、双块式、绿色无碴轨道、长梁式、宽轨枕等，每段长度约 390 米，不同结构间采用了过渡型式。对列车在各种不同形式的轨道上运营进行检测和观测，通过不断总结和改进，研制出更先进的无碴轨道结构。

◆德国无碴轨道

法兰克福至科隆铁路是德国第一条客运专线，也是德国第三条高铁线路，设计速度为每小时 300 千米，个别地段速度为每小时 330 千米。全线主要采用无碴轨道，其中在中间一段铺设了雷达Ⅱ型系统无碴轨道。德国无碴轨道在路基地

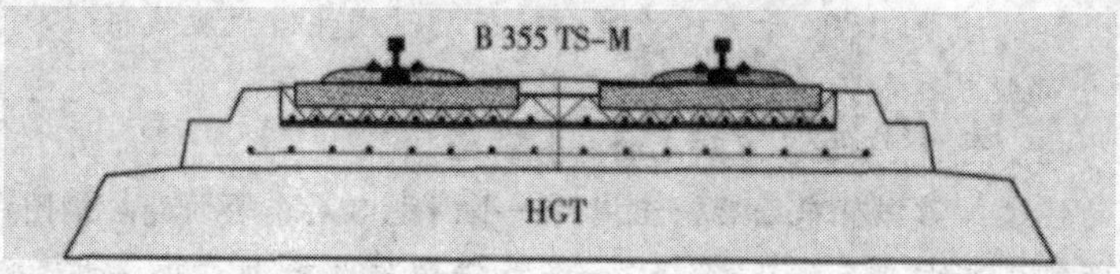

◆德国无碴轨道结构剖面图

段其轨道板和支承层是连续铺设的。建成的从纽伦堡到慕尼黑的另一条高速铁路使用了博格板式轨道。这是一种预制轨道板，在制作、铺设方面有更特殊的工艺要求。

无碴轨道铺设时对路基要求非常严格，这是高速铁路对轨道的高平顺性和高可靠性要求决定的。首先必须严格控制基础沉降，使基础刚度达到所需数值，以改善支承层受力状况，同时还要满足排水要求。为满足上述要求，路基要选择优质填料并进行严格压实。在无碴轨道施工前，要对路基进行严格的观测，一般观测 1 年左右，便可预测剩余沉降量并铺设无碴轨道。如果工期比较紧或地质基础条件较差，可以采用预压、灌浆方法加速地基的稳定，也可以采用过渡桥方法稳定地基。

德国高速铁路的未来趋势

未来的德国高速铁路还将进一步得到发展和延伸，整个计划将会是纽伦堡和慕尼黑之间约为 170 千米的高速铁路，其中设计速度超过每小时

300 千米的轨道长度为 90 千米，并且在纽伦堡一因戈尔斯塔特间与高速公路并行，旅行时间也大为缩短。同样在建的还有汉堡一柏林线，在磁悬浮计划被否决后，轮轨技术又被提上议事日程，并且取消了每小时 160 千米的方案，新方案中的线路按每小时 230 千米的标准建造，德国两个最大的百万人口都市间的旅行有望从 2 小时 15 分缩短为 1 小时 35 分。

历史——德国汉诺威高铁出轨事故

1998 年 6 月 3 日，德国城际快车 ICE884 次由慕尼黑开往汉堡，在汉诺威市的艾须德小镇以每小时 200 千米的速度向前行驶时发生重大脱轨事故，事故造成 12 节车厢全部脱轨、损毁，铁路跨线桥坍塌，101 人死亡、100 多人受重伤。德国铁路局为此支付了 2500 多万欧元的赔款。

事故的经过：第一节车厢后轮组中的一个新型双层车轮的外层钢圈由于金属疲劳出现断裂，并卡在车厢下部；另一头和铁轨发生剧烈摩擦，火车以每小时 200 千米的速度向前行驶，在经过调换轨道岔时恰好把附轨铲起，致使第一节车厢后轮出轨；火车继续向前行驶，在到达下一个调换轨道岔外，断裂的钢圈撞到道岔控制阀，从而导致第一节车厢后面的所有车厢与前面的车厢走在两条不同的轨道上；车厢减速，与车头分离，列车的第三节车厢在巨大的惯性作用下，车厢后部直接撞在了跨线路桥的桥墩上，并将桥墩撞到，300 多吨的跨线桥坍塌，砸在第五节车厢后部，后面所有车厢全部撞在一起，410 米的列车挤压在一起仅有一节车厢长。

斗牛的国度
——西班牙的高速铁路

说到西班牙没有什么比斗牛更能代表西班牙的精神——身穿绣金服装的斗牛士，猎猎生风的红布，狂怒的公牛，热血沸腾的观众，这场面比狂欢节更激动人心，比宗教祭祀更庄严神圣。那些英勇、灵巧而且英俊的斗牛士，是西班牙最富有浪漫色彩的传奇英雄。

◆西班牙斗牛士

西班牙的高速铁路也是西班牙的一个代表。1992年4月，西班牙在巴塞罗那奥运会前夕开通了从马德里至塞维利亚的高速铁路，赶上了世界高铁路运输的发展步伐。西班牙高速列车采用法国技术，最高时速达300千米。在第一条高速干线运营成功以后，西班牙继续加快高速列车的发展，制订了新的路网规划。

脱俗的西班牙高铁

20世纪末，西班牙政府构思新建一条铁路线，将西班牙中部的卡斯蒂亚与南部的安达鲁西亚连接，同时绕过哈恩省的国家公园。考虑多个方案后，西班牙政府认为应建造一条标准轨铁路，成为首条高速铁路，以帮助南部停滞不前的经济向前发展。新线于1992年4月16日启用，同日正值

◆停靠在科尔多瓦的阿尔斯通制 AVE 火车

◆Talgo－350 型

塞维利亚世界博览会开幕。7 日后新线正式投入服务，每日有 6 班次来往马德里、普尔托努、科尔多瓦及塞维利亚。1992 年 10 月开始，来往马德里、雷阿尔城、普尔托努的短程班次投入服务。

后来因为法国阿尔斯通公司取得合约，有人指出，西班牙社会工人党政府出于政治原因，令法国阿尔斯通公司取得合约，以回报法国政府帮助西班牙缉拿匿藏于法国的巴斯克分离主义分子，而并非出于技术原因。而另一方面，塞维利亚因举办世界博览会而被选为首条西班牙高速铁路目的地，但当时西班牙总理冈萨雷斯被指偏向其家乡塞维利亚。无论如何，塞维利亚是西班牙的第四大城市，仅次于马德里、巴塞罗那及巴伦西亚。

所以像后来的几年里，如 1993 年 1 月，来往马德里至马拉加的高速铁路服务启用，自马德里至科尔多瓦使用高速标准轨道，然后驶入传统西班牙宽轨至马拉加。同年 4 月 23 日，在试验中，西班牙高速铁路时速最高达 356.8 千米。

1994 年，西班牙高速铁路开始以时速 300 千米运行，令全程时间减少 40 分钟，全段 471 千米只需两个半小时。

2007 年，来往马德里至马拉加的高速铁路最后一段完成，于 12 月 24 日投入运行。

你知道吗？

西班牙高铁分五个型号；
S/100，由阿尔斯通制造
S/102，由 Talgo 及庞巴迪制造
S/103，由西门子制造（该品牌名为 Velaro）
S/120，由 CAF（西班牙机车）及阿尔斯通制造
S/130，由 Talgo 及庞巴迪制造

技术特点——高速技术和侧摆技术结合

西班牙是当今世界上最早全面引进他国高速铁路技术的国家。20 世纪 80 年代末，西班牙引进法国高速铁路技术，于 1992 年建成了马德里至塞维利亚全长 471 千米的高速铁路，运营西班牙高速列车，时速可达 270 千米，并取得了巨大的商业成功。西班牙从 20 世纪 80 年代开始，首创并发展了如今已被世界各国普遍采用的被动式摆式列车。为了验证其安全与稳定性能，1997 年，在马德里至塞维利亚限速每小时 270 千米的高速线上运行摆式列车，其最高运行时速达到了 333 千米。列车高速技术与侧摆技术的结合，这是西班牙实行铁路高速化的一大特点，积极引进国外如法、德等国的先进技术与本国独创技术相结合可算是又一大特点。

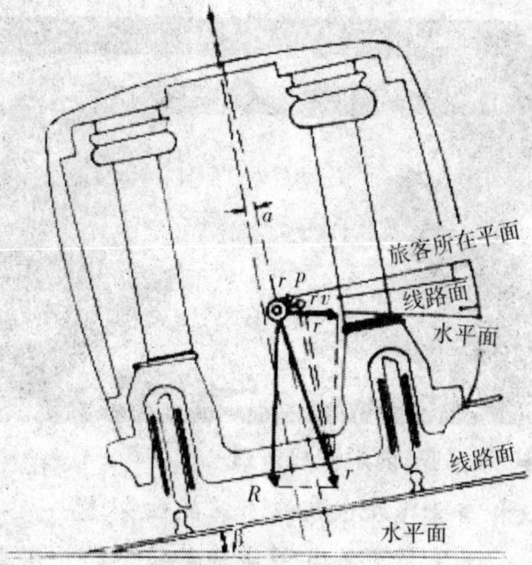

◆西班牙的 Talgo 摆式车体

西班牙正在继续全面地进行新建、改建设备与车辆侧摆技术相结合的铁路高速化建设。他们首先抓住新型机车车辆的开发工作，吸收法、德等国的先进技术，自行研制出适用于高速线路的 Talgo21 型摆式列车。

点击——西班牙高速铁路

绝大多数西班牙高速列车的线路不是起始于马德里·普埃尔塔阿托查火车站，就是终止于马德里·普埃尔塔阿托查火车站。

◆西班牙高速列车行驶在马德里与塔拉戈纳之间

巴塞罗那与马德里之间的距离是520千米，开车需要6个小时。自从2008年西班牙高速列车（西班牙高铁）开通以来，这段旅程就被缩短到了2小时38分钟。“自从高铁开始运营，我就再也没有坐过飞机。”马丁内斯先生说。

◆高速列车内部安稳舒适

确实，与飞机相比，高铁具有很多优势。在巴塞罗那，西班牙高速列车的票价与机票差不多，单程120至200欧元，往返160至300欧元，当然也有一些优惠措施。火车上配备有躺椅、电脑接口和耳机，提供可口的食物并可以观看电影，甚至服务人员都带着白手套。而且从环保的角度考虑，每个高铁乘客的碳排放量仅相当于飞机或汽车乘客的四分之一。

巴塞罗那商学院市场营销学的瓦尔斯教授先生表示：西班牙人十分乐意乘坐舒适便捷的高速列车，传统的飞机已经丧失了竞争力。自从2007年巴塞罗那与马德里之间的高铁开始运营以来，往返于两地之间的航班数量已经减少了一半。据瓦尔斯先生预测，长度在1200千米之内的欧洲航线最终都将成为高铁的天下。到时候从巴塞罗那坐火车到巴黎所花的时间将和坐飞机差不多——4小时过一点（两地相距830千米）。（目前乘火车往来于两地之间需要转车，并花费至少9个小时的时间。）

世界强国——美国的高速铁路

◆位于美国纽约州纽约市曼哈顿以西的一个小岛上的自由女神像

一想到美国，很多人都充满了幻想，去美丽、历史悠久的哈佛、斯坦福等太多的我们耳熟能详的大学去留学，去看象征着自由的自由女神像，甚至去看 NBA。我们都有太多的理由想去美国看看，特别是那神奇的自由女神像——位于美国纽约市曼哈顿以西的自由岛上，她手持火炬，矗立在纽约港入口处，日夜守望着这座大都会，迎来了自 19 世纪末以来到美国定居的千百万移民。一个多世纪以来，耸立在自由岛上的自由女神铜像已成为美利坚民族和美法人民友谊的象征，永远表达着美国人民争取民主、向往自由的崇高理想。

在我们中国有句俗语，"要想富，先修路"。美国也不例外，下面就让我们了解一下美国高铁发展的历程。

为经济繁荣作出重要贡献

◆美国加州的高速铁路

自 1828 年第一列旅客列车投入运营以来，在近 200 年的历史里，美国的铁路运输为美国的经济繁荣作出了重要贡献。1956 年，美国通过《洲际高速公路法》，兴建了四通八达的高速公路网。而后随着汽车

◆舒适的乘车环境

和飞机制造业的迅速发展，美国的铁路运输特别是客运业在逐渐萎缩。目前全国运营的客运铁路绝大部分仅限于市内的轻轨交通，城市间铁路的大部分只用于货运，而其中 40%用来运煤。但进入 20 世纪 80 年代以后，由于交通等基础设施建设跟不上经济迅速发展的需要，高速公路堵塞，机场拥挤，同时因为能源、环境问题同交通运输的矛盾日益突出，迫使人们重新考虑铁路运输，高速铁路计划因此应运而生。

美国高铁列车运行控制系统技术

目前，美国的列车定位和运行控制是利用与轨道焊接在一起的检测电路来完成的，这个检测电路要和线路信号同时使用。美国 90%的铁路处于上述状况。

其余 10%采用检测信号设备，它可以把轨道上的电子脉冲传送到列车上的速度控制系统。这种系统在必要时能够使列车停下来。尽管上述方法在技术上是可行的，但安装与维修的费用均很昂贵，且不能适用于所有类型机车的信号系统。高速列车运行主动控制系统是用 GPS 确定列车的位置，通过无线电设施实现线路与车上的信息交流，从而对列车实际运行速度与当时列车所在位置允许的速度进行比较，并实现有效控制。另外，增加一套导航系统，与 GPS 同时使用，达到双保险的目的。如果列车超过了允许速度，而工作人员没有使列车减速，列车运行控制系统将使列车自动停下来。

为什么美国高铁会发展滞后?

当代美国“汽车＋飞机”的模式，缺少造型流畅的高速列车，铁路发展也

◆美国高速铁路未来设想图

落后同类国家好几年。美国有连接波士顿和华盛顿特区的高速轨道，该线路全长 731 千米。而在日本，高速轨道长达 2188 千米，最高时速可达 302 千米；法国拥有总长度 1899 千米的高速轨道，最高时速为 320 千米。另据《财富》杂志报道，中国有志于追求领先地位，投资 3000 亿美元建造一流的高速铁路。那么作为经济超级强国的美国，为什么在高速铁路的发展上落后了呢？

首先，美国联邦政府没有对高速铁路建设提供过强大的、持续的支持，美国的立法机构抵制货运铁路的国有化，对铁路运输只授权进行有节制的零星投资，并且过去一直给高速公路、机场、水路甚至公共交通提供投资的信托基金不对铁路投资。

其次，出于自身利益的考虑，高速铁路计划受到了来自各方面的反对和阻挠。航空公司为了争取旅客，极力反对建设高速铁路；地方政府为了集资，采取增加销售税和汽油税的办法，也会遭到公众的强烈反对。

展望——今后预想的美国高铁

没理由只让欧洲或中国拥有最快列车。
——奥巴马国情要文

◆奥巴马强调高铁的重要性

美国高铁的梦想早在 1991 年就开始了，但一直没有获得足够的支持，以至于全国客运铁路的时速远远落后于法国、日本和中国。为了改变美国高速铁路落后的现状，美国总统奥巴马在几次演讲中都强调了建设全国高速铁路网的重要性。在奥巴马就任总统一个月后，他成功地敦促国会从 2 月份经济刺激方案中调拨出 80 亿美元用于铁路系统的建设。奥巴马的经济刺激方案把高速铁路的建设提上日程。2009 年 4 月，美国

◆美国高铁宣传画

联邦铁路管理局公布了一份题为《美国高速铁路的发展前景》的计划。美国联邦铁路管理局发言人说：80亿美元不够我们启动高速铁路工程，更不用说完工了，但是这在很大程度上为未来铁路建设可持续融资奠定了基础。同时奥巴马公布了在美国构建高速铁路网的计划。目标是兴建10条总长1000千米的高速铁路。未来这些铁路将成为美国内陆交通的走廊。奥巴马说，在高速铁路方面，美国远远落后于法国、西班牙和日本等国家。他还表示，兴建高速铁路还能制造大批的就业机会。

同时奥巴马总统说发展高速铁路可以振兴美国经济，此外可以改善国家的交通运输系统。他说在其他国家正在大力发展高速铁路时合众国不应该落在后面。

老牌强国
——英国的高速铁路

要说到英国，最具代表性的是那一座座独特的建筑物——西敏寺、大本钟、圣保罗大教堂等等。在欧洲各国文艺复兴时期的建筑风格是形成各国文艺复兴的深刻背景，虽然各国在文艺复兴时期都渗入本国的灵气与思想，但有一点是共同的，即对古典风格的继承与创新。而英国即是建筑的先驱，也是世界铁路的发源地。

◆英国的"欧洲之星"

英国高铁发展的历程

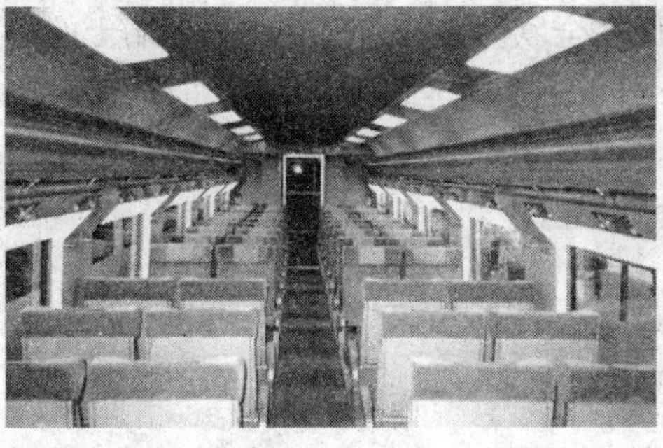

◆英国高铁

英国铁路目前采用改造既有线路的方法来提高列车运行速度，与德国同属一个模式。英国铁路几乎与法国同时开始规划铁路高速化，但走了弯路，结果落在法国后面，英国打算利用旧线开行高速列车，为解决列车行驶在弯道产生的离心力作用问题，在车辆上加装车体倾斜装置。由

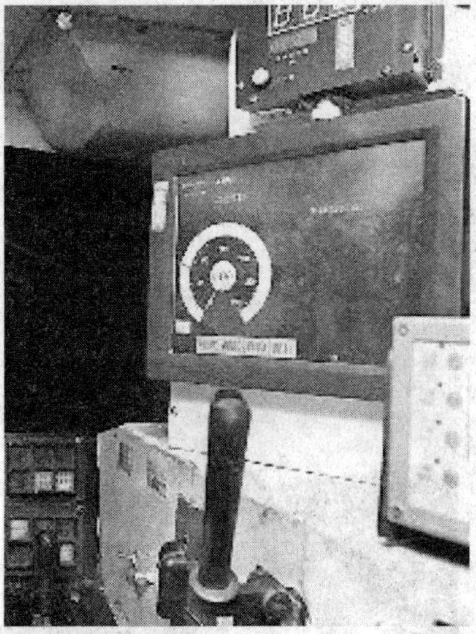

◆ATP（Automatic Train Protection）列车自动防护系统

于这套装置技术复杂，且耗资过大，20世纪80年代初决定放弃研制。同时，英国开行了准高速列车，运行速度每小时160～180千米。在伦敦周围的几条线路上，以及西海岸线上，用内燃机车牵引的客车通过半径为1800米以上的曲线。

英国于1984年进行了东海岸干线的改造，实现了电气化和改造小半径曲线线路，为这条线路研制了由电力机车牵引的IC225型列车，构造速度为每小时225千米，试验速度曾达到每小时260千米。

IC列车于1989年10月正式投入使用。英国铁路目前正在进行西海岸线路的电气化改造，计划使用电动车组的牵引方式，采用IC250型列车，最高运行速度每小时250千米。

1981年当英国的国营铁路首先利用倾斜技术来运营时遭到失败。他们称之为“先进的旅客列车”——APT在按日程表运行三天后，就停开了。因为乘客们抱怨有恶心等病症反应，且制动系统和尚处于开发阶段的悬挂系统仍存在技术故障，前面几节车厢不“倾斜”，后来经过不断的改进完善，利用倾斜技术的摆式列车目前已在全欧洲盛行。现在，乘坐瑞士的从米兰到巴塞尔的“跨越阿尔卑斯Pendolino”号摆式列车，4小时的路相当平稳，且比普通列车快30%。当这趟列车蜿蜒穿过阿尔卑斯山时，杯中的酒都不会溢出来，乘客们感到平稳而舒适。

英国高铁——今后预想

2006年，英国政府草拟一份铁路革命的文件。这场革命如果获得成功，将成功缓解英国道路的拥堵压力、缩短人们来往于大中城市之间的时间。在这份报告中，爱丁顿爵士警告说，英国“唧唧嘎嘎”的公共交通系统正在濒临饱和状态，他呼吁政府能对铁路系统进行扩建。此外，他还指出，铁路运载能力提升后，将在未来30年里能有效缓解城市交通的拥堵状况。

英国政府希望通过提高铁路信号和改进火车设计等方法，提高现有火车轨道上运行的火车数量。此外，有关部门还考虑在最繁忙的铁路线上增加双层火车的数量。爱丁顿爵士的这份报告出台前，伦敦市长利文斯通就曾分析说，据他估计，到2025年，随着人口膨胀和工作机会的增加，每天将有400万人次进出伦敦。届时，如果无法说服人们使用公交系统，那么川流不息的汽车将危及从希斯罗机场到市中心的道路设施。

报告要求有关部门对一些地方公路进行修缮和养护，以便解决一些地方上出现的严重的交通拥堵现象。不过，报告对新修道路计划并不表示支持，爱丁顿爵士认为，新建公路并不能从根本上解决道路拥堵问题，反而会鼓励更多的人开车出行。

新建高速走廊
——韩国的高速铁路

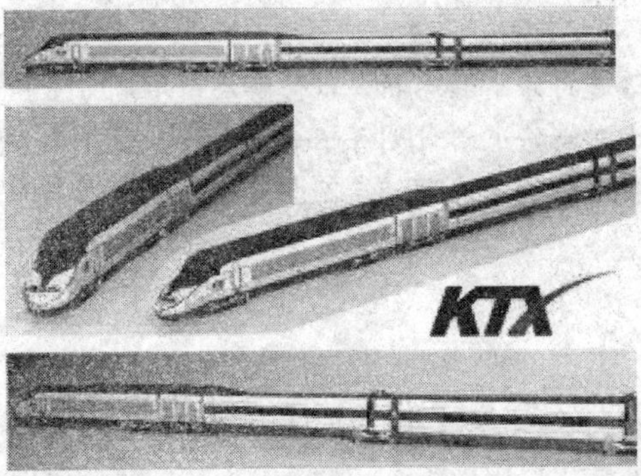

◆KTX 列车

2004 年 4 月 1 日，韩国高速铁路在京釜线（首尔—釜山）、湖南线（首尔—木浦）同时开通。这标志着韩国正式跨入高速铁路时代，继日本、法国、德国和西班牙之后，成为建成时速 300 千米高速铁路的第 5 个国家。

韩国高铁的历史

◆韩国高速铁路（KTX）列车

韩国铁道厅在 2004 年 4 月 1 日宣布，韩国高速铁路将正式开通。届时，韩国将成为继日本、法国、德国、瑞典、西班牙之后的世界上第六个拥有高速铁路的国家。而高铁系统在计划阶段期间，被称为“京釜高速铁道”。

现时的京釜线、湖南线及京义线高铁区段于 2004 年 3 月 31 日启用，其建造为时 12 年。其中京釜线由首尔至大邱间区段使用了高速轮轨，由首尔到釜山的车程需时从 260 分钟缩短至 160 分钟。2008 年，京釜线全线改用高速轮轨后，车程缩减至118分钟。

登上从首尔出发直抵韩国中部城市大田的试运行列车，乘坐在风驰电掣般行进的高速列车上，不禁感受到了韩国快速发展的节奏。“高速铁路时代”揭幕，必将给韩国的经济发展和国民生活带来许多前所未有的变化。

目前状况——韩国高铁的运营情况

韩国高铁于2004年4月1日投入运营，最大速度每小时300千米，这标志着韩国运输历史的新纪元。通常在其他国家，当新的高速列车运行后，一般列车的运营会减少很多，而韩国在高速列车不能运行地区安排了大量的非高速列车。一开始希望46列高速列车的最大利用率能达到90%，可实际证明韩国高铁系统还不稳定，因此最大利用率只达到70%。

2004年4月，韩国高速列车在第126次运营过程中没有发生严重的不准点或是车次取消的情况，但是韩国的大众媒体还是披露了其存在的诸多小问题，尤其是经济座太窄、固定座位与列车运行方向相反。韩国铁路也试图解决这些问题以满足乘客需要。

韩国高铁的车票价格是通过消费者协会的调查和听取大众意见来确定的。该政策反映了随着路程的增加车票价格按相应比例减少的规律。为了吸引更多的乘客，新高速铁路推出了车票打折措施。韩国高速铁路把列车准点作为衡量服务质量的最重要参数的指标，并采取一系列措施来保证列车准点，到2004年6月，韩国高铁的准点率达到98.8%。

尽管韩国高铁的运行没有达到一些专家们的要求，但它创造了运营第一天运送乘客100万人，142天运送乘客1000万人的世界纪录。到目前为止，韩国高铁日盈利21亿韩元，占国家铁路运营总收入的45%。有证据表明，最近萧条的韩国经济促使大多数人选择高速列车这一交通方式，因此高峰时段的列车座位紧缺，尤其是在周末。如果解决了这一问题，韩国高速列车将在客运服务业发挥更大的作用。

特殊之星——韩国高铁的特点

（1）韩国高铁最基本的特点莫过于快、安全、舒适、洁净。

(2) 尖端技术的集合体。车载设置有计算机、外围设备以及有效的控制网络等，以及利用电加热原理制成的接触网线除冰系统、像人的关节那样能自由活动的铰接转向架系统、列车自动控制系统等。

(3) 韩国的铁路，包括既有线和高速铁路都采用窄轨轨道，所以高速列车可以很方便地在既有线上运行，不同的是既有线上跑的列车是内燃机车牵引，而高速列车是由电力机车牵引。

(4) 韩国的车站，一般根据线路的要求，可以停靠地铁车辆、一般列车和高速列车，这极大地方便了乘客。

展望——韩国高铁的发展

从五松往光州广域市及木浦市的新线正在规划，预计于2017年通车。原先为配合韩国申办2014年冬季奥运会，有关方面考虑建造一条来往首尔及江陵市的路线。基于法国技术、韩国制造的韩国高铁—II高速铁路列车在2007年釜山国际铁路及物流产业展展出，首组韩国高铁—II列车在2008年11月25日出厂。

2009年初，京釜线二期工程全长254.2千米的大丘—釜山区间，其中铺轨已完成的96.6千米区间内的15.5万个无碴混凝土轨枕（占全区间35万8千个的37%）中有332个已严重龟裂。龟裂的部位是在混凝土轨枕“缔结装置”，在这个装置里按规定是要放防水发泡的填充物，但因为防水和放水在韩语里写法一样，故施工公司理解错了图纸的意思，轨枕里没有加防水材料反而加了吸水材料，造成了全部15.5万多根枕木成为次品。

四纵四横——中国的高速铁路

经过40多年的发展，高速铁路技术逐渐形成以日、法、德3个技术原创国为代表，适合各自国情和发展状况的技术体系。因中国铁路在运输组织、路网结构、轨下基础、谐振式无绝缘轨道电路制式等方面与国外铁路高速存在差异，所以不可能完全照搬任何一国的技术体系。只有立足自我，充分利用我国多年来积累的技术储备，学习和借鉴国外高速铁路客运的经验，加强包括原始创新、集成创新和引进消化吸收再创新在内的全面创新，系统设计，系统集成，才能构建出具有中国特色和世界一流水平的高速铁路技术体系。近几年，我国铁路在学习、消化、吸收世界高速铁路先进技术的基础上，系统总结了多年来中国客运专线的工程技术、科研试验成果，针对建设的关键技术问题，进一步开展了研究、试验、验证、预设计、工程设计咨询的创新和各系统集成攻关，取得了阶段性成果。

中国高速铁路历史

回首1998年5月，广深铁路电气化提速改造完成，设计最高时速为200千米，为了研究通过摆式列车在中国铁路既有线实现提速至高速铁路的可行性，同年8月广深铁路率先使用向瑞典租赁的X2000摆式高速动车组。由于全线采用了众多达到90年代国际先进水平的技术和设备，当时广深铁路被视为中国由既有线改造踏入高速铁路的

◆中国的骄傲——韶山8型电力机车

开端。1998 年 6 月，韶山 8 型电力机车于京广铁路的区段试验中达到了时速 240 千米的速度，创下了当时的“中国铁路第一速”，是中国第一种高速铁路机车。

讲解——中国铁路的六次大提速

◆高铁岳阳楼段

第一次提速时间：1997 年 4 月 1 日。中国铁路第一次大面积提速在京广、京沪、京哈三大干线全面实施。以沈阳、北京、上海、广州、武汉等大城市为中心，开行了最高时速达 140 千米、平均旅行时速 90 千米的 40 对快速列车和 64 列夕发朝至列车。

1998 年 10 月 1 日，铁路第二次大面积提速。京广、京沪、京哈三大干线的提速区段最高时速达到 140 千米至 160 千米，广深线采用摆式列车最高时速达到 200 千米。

2000 年 10 月 21 日，铁路第三次大面积提速，重点是亚欧大陆桥陇海线、兰新线、京九线和浙赣线。列车等级和车次重新分类和调整；全国铁路实行联网售票，400 多个较大车站可办理异地售票业务。

2001 年 10 月 21 日，提速范围基本覆盖全国较大城市和大部分地区，对武昌至成都、京广线南段、京九线、浙赣线、沪杭线和哈大线进行提速。

2004 年 4 月 18 日，京沪、京广、京哈等干线部分地段线路最高时速提高到 200 千米，全路旅客列车平均旅行速度为每小时 65.7 千米。

2007 年 4 月 18 日，全国铁路正式实施第六次大面积提速和新的列车运行图，列车时速达到 200 千米以上。其中京哈、京沪、京广、胶济等提速干线部分区段可达到时速 250 千米。

中国高速铁路技术

在牵引供电的技术体系上，我国采用国内外先进的牵引供电技术，进行系统集成，全面实现设计速度每小时350千米牵引供电系统的国产化。形成统一的高速铁路技术标准体系，构建具有自主知识产权的高速铁路牵引供电系统技术平台。

◆南车四方机车车辆公司生产的"和谐号"CRH动车组

在通信信号的技术体系上，我国的CTCS2列控系统主要用于每小时200～250千米客货共线铁路，及既有线提速每小时200千米线路。主要设备含：车载ATP、列控中心、微机联锁、调度集中CTC、应答器、ZPW2000轨道电路。CTCS2列控系统已基本实现国产化，并已在胶济等提速线路上应用。该系统采用轨道电路加点式应答器作为信息传输手段，实现列车运行的安全控制，GSM－R用于无线通信。

在运用维修系统的技术体系上，高速铁路的综合维修采用综合检测列车、钢轨探伤车和轨道状态确认车，实现对轨道几何状态、接触网及受流状态、通信信号设备工况、钢轨表面及内部损伤、轨道部件状态、线路限界侵入等的定期检测和临时检测，向调度指挥中心（综合维修统）、地面维修部门发送信息，并作为制订维修计划和安排综合维修天窗的主要依据。

发展前景广阔——我国高速铁路

随着世界高速铁路技术的不断发展，高速列车的商业运行速度迅速提高。旅

行时间的缩短，旅行条件的改善，旅行费用的降低，再加上国际社会对人们赖以生存的地球环保意识的增强，使得高速铁路在世界范围内呈现出蓬勃发展的强劲势头。最近闭幕的第三届高速铁路国际会议发出了一个明确信息，作为主要的公共交通工具之一，高速铁路将在21世纪获得迅速发展。因此，欧洲、美洲、亚洲诸国和地区，正在计划进一步加快高速铁路的建设。由此可见，更为密集的高速铁路网目前看来前途一片光明。与世界许多国家相比，我国高速铁路的发展有更加广阔的空间。我国国土东西跨度5400千米，南北相距5200千米，这决定了中长距离客货运量需求巨大，而铁路是经济又快捷的交通运输方式，因此有很大的发展潜力。从1998年到现在，中国已有20多个城市研究发展高速铁路。根据铁道部规划，2004年4月以后，中国将又有28条铁路线上的列车时速达到200千米，中国的铁路高速线路总里程也将达到2万千米左右，整体的高速铁路网估计将在2020年形成。另外，中国铁路六次大提速带来的经济和社会效益有目共睹，充分证明了高速铁路在我国有很强的生命力和很大的发展前途。中国高速铁路的建设和发展将会给国内外铁路建设者带来巨大的商机，同时也促进世界和区域经济的提速和发展，为世界经济的腾飞作出巨大的贡献。